AF297381

EXPOSITION DE 1867

DÉLÉGATION

DES

OUVRIERS RELIEURS.

EXPOSITION DE 1867

DÉLÉGATION

DES

OUVRIERS RELIEURS

DEUXIÈME PARTIE

LA RELIURE

A L'EXPOSITION DE 1867

ÉTUDES COMPARATIVES DE LA RELIURE

ANCIENNE ET MODERNE

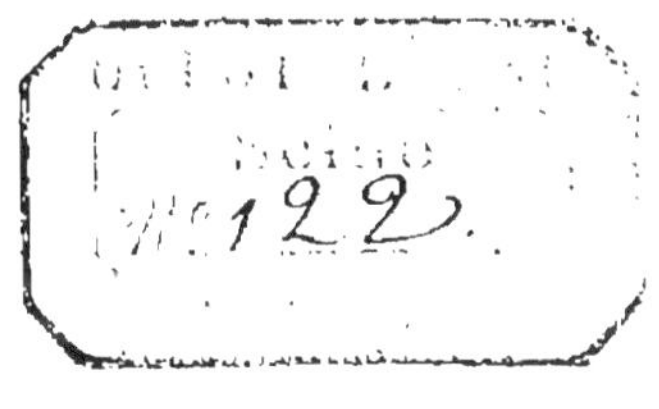

PARIS

SE VEND CHEZ TOUS LES LIBRAIRES

—

1869-1875

Tous droits réservés.

AVANT-PROPOS

Avant de commencer le compte-rendu de notre Étude sur les travaux exposés, disons en quelques mots comment nous avons compris la mission que nous ont confiée nos Camarades.

Les Expositions de l'industrie ont été établies pour provoquer et entretenir l'émulation des industriels et les exciter à perfectionner leur fabrication, en leur faisant espérer des récompenses qui devaient leur servir de recommandation auprès du public.

Jusqu'alors les récompenses ont été distribuées par des jurys officiellement nommés, c'est-à-dire, constitués de la façon la plus arbitraire par les gouvernants et composés de personnages le plus souvent très incompétents. Nous devons même dire que relativement à notre profession, le mal empire, car antérieurement nous avions pu voir quelques amateurs dans le jury, et même des maîtres relieurs appelés comme experts, tandis que maintenant nous n'y voyons plus que des personnes complétement étrangères à la reliure.

Cette mauvaise composition des jurys a eu les plus fâcheux résultats, en faisant commettre, dans la distribution des récompenses, des erreurs des plus graves, si graves même que souvent les connaisseurs ne les pouvaient expliquer que par l'intervention de l'esprit de favoritisme.

La multiplicité des erreurs commises cette fois a enfin éveillé l'attention publique ; aussi pouvons-nous espérer qu'à la prochaine Exposition on en arrivera à faire nommer les jurés pour chaque industrie par les ouvriers du métier. (Nous entendons ici par ouvrier, quiconque travaille, soit comme patron, soit comme simple salarié.) C'est la seule solution rationnelle dans le pays du suffrage universel.

En présence de cette incapacité notoirement reconnue, cette année, beaucoup de personnes, et particulièrement des exposants, ont fait appel au jugement des délégués ouvriers ; beaucoup même n'ont vu dans les délégations ouvrières qu'une sorte de second jury n'ayant d'autre mission que celle de rectifier les jugements du premier ; c'est une erreur que nous tenons à relever, quant à nous.

L'idée première des délégations ouvrières a eu pour but, non de faire juger par des hommes plus compétents, mais de faire étudier par des praticiens les travaux exposés, afin d'en faire ressortir un enseignement profitable à tous (1). Quoique nous ne soyons aucunement tenus par la tradition, puisque notre délégation, absolument indépendante, diffère par son origine d'une façon complète de celles provoquées jusqu'à ce jour, nous n'avons cependant pas compris autrement notre mission.

Jusqu'alors, en dehors des dissertations plus ou moins brillantes, plus ou moins exactes sur les origines de la reliure, son histoire, ses principaux artistes, les bibliophiles et les amateurs qui ont encouragé ses progrès, les rapports officiels ne nous ont jamais renseignés que sur les travaux les plus remarquables des exposants récompensés, souvent même ne sont-ils que des panégyriques de leurs plus jolis chefs-d'œuvre. Quant au reste, quant aux travaux qui n'ont pas obtenu l'admiration du jury ... Rien !...

Or, pour tirer tout le parti possible d'une Exposition, au point de vue du progrès général, il ne suffit pas de vanter ce que l'on croit des chefs-d'œuvre, il faut encore critiquer les fautes. La critique est indispensable au perfectionnement. Ce n'est qu'en signalant les fautes commises que l'on pourra espérer les faire éviter, ce n'est qu'en les

---

(1) Voir, pour l'origine des délégations ouvrières, notre première partie : *La Reliure aux Expositions de l'Industrie*, pages 125, 127 et 128.

démontrant qu'on peut indiquer les moyens d'y remédier.

Ces quelques mots suffisent pour faire comprendre quel doit être le caractère de notre rapport. Ce sera plutôt un rapport critique qu'un chant·de louange en faveur des plus méritants.

Nous avons examihé tous les travaux exposés, qu'ils aient ou non mérité des récompenses ; nous en avons *recherché* les défauts et les perfections, et, autant qu'il nous à été possible, nous avons toujours essayé d'indiquer le moyen d'éviter les uns et d'atteindre les autres ; en un mot, nous avons tâché de faire de nos observations une étude dont tous nos confrères pourront faire leur profit.

Nous avons critiqué et félicité un peu partout, mais toujours en tenant compte de l'importance des maisons et de la valeur qu'elles prétendaient donner à leurs travaux, c'est-à-dire que nous avons été plus sévères pour les forts et les prétentieux que pour les faibles et les modestes.

Quoique nous n'ayons pas voulu nous ériger en jury et classer par ordre de mérite les maisons exposantes, nous disons cependant notre avis sur l'ensemble de chaque exposition. Le lecteur classera, s'il le juge à propos. Quant à nous, ce qui nous intéresse par-dessus tout, ce n'est pas que telle maison prime sur telle autre, mais que le progrès se développe d'une façon générale dans toute notre industrie.

Que nos lecteurs ne cherchent pas, dans ce rapport une œuvre littéraire, nous avons préféré une rédaction faible plutôt que de remettre nos notes en des mains plus exercées au maniement de la plume, mais qui, ne connaissant pas notre métier, auraient, sans aucun doute, sacrifié l'exactitude des observations à la correction de la forme. D'ailleurs, il est temps que le travailleur laisse de côté sa timidité ordinaire et se décide à produire lui-même ses observations et ses idées par la plume comme par la parole. Dût-il s'exprimer en de mauvais termes et par des phrases incorrectes, sa pensée en ressortira mieux encore que s'il la faisait traduire par d'autres qui ne comprennent pas et ne ressentent pas comme lui.

Nous commençons par la maison Lenègre, parce que le hasard nous y a conduits en premier. Nous n'avons pas voulu établir d'ordre de préséance ni faire de classement, nous rendrons compte de nos observations dans l'ordre où elles ont été faites, c'est-à-dire dans l'ordre de nos visites. La lecture y gagnera un peu de diversité, ce qui ne sera pas un mal, car la monotonie doit être l'écueil naturel d'un pareil livre.

E.-V. et V. Wynants.

LA RELIURE

A L'EXPOSITION DE 1867

FRANCE

Maison LENÈGRE (rue Bonaparte, à Paris).

Dès l'ouverture de la vitrine, le représentant de cette maison nous prévient qu'un certain nombre des volumes, tous ceux remplissant la tablette supérieure, ont été faits pour des Expositions précédentes, que, par conséquent, nous n'avons pas à en tenir compte.

Cette façon de procéder, qui consiste à promener d'Exposition en Exposition les mêmes travaux, nous a paru assez surprenante; cependant nous devons savoir gré de la franchise avec laquelle on nous a avertis cette fois.

Cette maison, qui depuis longtemps jouit d'une assez grande réputation et a déjà été récompensée dans plusieurs Expositions, vient, cette année encore, nous offrir de beaux échantillons. Son travail est varié et embrasse plusieurs spécialités, dont les principales sont: *reliures de commerce, albums photographiques, carnets et buvards.* Elle fait aussi quelques *reliures de luxe et de bibliothèques.* Mais comme elle n'a point de prétentions dans ces deux genres, notre jugement ne doit pas être trop sévère.

La pièce principale est un magnifique volume grand in-folio, *Monographie du Palais de Fontainebleau*, maroquin La Vallière foncé, cousu sur nerfs trop minces avec du fil trop faible, ce qui n'a permis que de faire des mors maigres avec un dos pointu ; les chasses et les bords sont trop étroits pour un volume de cette dimension ; la parure est beaucoup trop mince sur les bords, ce qui rend saillants les angles des cartons, comme s'ils étaient couverts de toile ou de papier.

Le montage sur onglets de ce volume mérite une mention toute particulière ; les planches sont montées sur onglets de toile que le papier blanc, faisant fonctions de serpente, vient doubler dans le fond, de sorte que la gravure s'ouvre sans l'entraîner (comme cela arrive lorsqu'il est monté sur la planche) et sans roideur de la part de l'onglet, puisqu'il n'est que de toile seulement à l'endroit du collage.

Ce genre de montage réunit : la solidité que le papier ne possède pas, la fermeté que n'a pas l'onglet de toile non doublé, et la souplesse d'ouverture qui manque à l'onglet de toile doublé complétement de papier avant le montage.

La tranche dorée par M. Barbier n'est pas parfaitement réussie ; ce qui est regrettable pour une pièce de cette importance. La dorure est plucheuse. Pourquoi ? M. Barbier n'a-t-il pas passé la tranche suffisamment au papier de verre ? Si cet inconvénient n'existait pas, la tranche ne serait pas restée blanche.

L'ornementation du plat, protégée par un épais relief, se compose : d'un encadrement, large relief à la presse avec médaillons aux angles, et au milieu de la verticale et de l'horizontale, représentant la salamandre, le chiffre de François Ier et les attributs de Diane.

Cet encadrement est à froid, du genre Renaissance, ornementé et bien approprié au volume. Au milieu du plat se trouvent les armes de France, bleu mosaïqué, et les trois fleurs de lys, or mat en bosse. Pourquoi bleu azuline? Le bleu de France est plus foncé.

Le plat, à l'intérieur du relief, est rempli par un quadrillé, filets fins, or, chargé aux jointures d'un jour gothique à quatre feuilles. Pourquoi ce jour gothique et ce quadrillé Louis XIV sur un plat pur Renaissance? Il eût mieux valu ne pas faire ce remplissage.

Si, à part la critique ci-dessus, le dessin est de bon goût et bien approprié à l'ouvrage, en revanche, l'exécution pèche sous tous les rapports : relief mal fileté, gaufrure au balancier, irrégulière. C'était, il est vrai, difficile à exécuter ; mais la difficulté n'a pas été vaincue, l'or est sans brillant, les filets baveux et fatigués, l'or resté dans le fond du grain, accusent un travail exécuté trop frais et peu de soin dans le nettoyage de la dorure.

L'intérieur, ou contre-plat, a une double roulette composée et des gardes en soie rouge, semées or. Le semé or est bien fait, bien d'aplomb, bien propre ; mais la dentelle est mal poussée ; les filets ondulent et le brillant de l'or manque complétement. (Doré par Julien Dewischer.)

La Bible de Gustave Doré (Mame, Tours), 2 volumes maroquin rouge poli, intérieur vert écrasé.

Ces deux volumes sont cousus sur nerfs, et ils sont de travers, les mors maigres, l'endossure n'est pas solide, les chasses trop petites, comme au

1.

volume dont nous venons de parler précédemment. Cela ne s'explique pas pour des travaux faits en vue d'une Exposition. Les gravures sont mal margées et montées sur onglets (?). On ne monte sur onglets que les gravures dont le papier trop fort ne permettrait pas facilement l'ouverture ou dont la marge manque au fond.

Dans cet ouvrage, les gravures sont sur papier à peine plus fort que le texte et la marge est convenable. Pourquoi aussi leur a-t-on mis des papiers blancs? On ne doit mettre de serpentes qu'aux gravures qui peuvent maculer, et celles-ci sont sur bois, de même que celles intercalées dans le texte. Il n'y avait donc pas lieu de mettre plutôt des serpentes aux gravures hors texte qu'à celles du texte.

L'endossure de ces volumes est molle : la cause n'en serait-elle pas dans cette masse d'onglets et de papier, qui, de plus, ont l'inconvénient de rendre ces volumes immaniables, tandis qu'ils seraient d'une bonne grosseur sans cela?

La couvrure est bien faite, la parure, comme pour le précédent, est trop mince sur les bords ; le maroquin des contre-plats dépasse la tranche de tous côtés ; est-ce exprès? Ce n'est pas gracieux et, d'ailleurs, cela ne doit pas se faire.

La tranche marbrée, dorée, est bien soignée au brunissage, mais, ce qui est regrettable, collant au fond de la gouttière ; de plus, la marbrure est presque invisible.

L'ornementation extérieure est très simple ; ce volume est fait, du reste, en vue du commerce ; l'intérieur, ou contre-plat maroquin vert, complétement écrasé, larges dentelles Du Seuil à petits fers ; le coup de fer est lourd, manque d'aplomb, faible comme chaleur dans certaines parties, fatigué en plusieurs endroits au polissage; abîmé même à cette dernière façon, enfin peu réussi sous tous les rapports. (Doré par Julien Dewischer.)

Un Missel maroquin du Levant, noir.—Incrustations en cuivre oxydé, d'un aspect sévère et d'un heureux effet. Les quatre évangélistes ornent les angles des plats et servent aussi à préserver le volume contre le frottement.

Mais, pour un volume de deuil, l'on eût mieux réussi en mettant des rubans violets au canon, à la place des rouges qui y sont.

Les châsses et les bords sont inégaux.

Les Médaillons de David d'Angers. — Album in-folio, maroquin vert. Cet album est monté sur onglets de toile; ces onglets sont trop étroits, ce qui gêne pour l'ouverture et, par conséquent, fatigue considérablement le montage lors du feuilletage; l'endossure en est bien faite, mais la rognure n'est pas régulière.

L'ornementation de cet album se compose d'une plaque au balancier avec coins; cette reliure n'est pas mal réussie pour le prix de 30 francs auquel elle est cotée.

Dictionnaire de l'Architecture.—8 volumes compactes, cousus sur nerfs, demi-reliure, maroquin vert, avec coins en maroquin, tranche ébarbée, tête dorée. Le corps d'ouvrage est bien exécuté comme rondeur et comme justesse, mais négligé à la frotture; les dos ne sont pas unis.

Œuvres de Molière. — Même observation pour l'endossure; la rognure bonne.

Séries d'in-12. — L'endossure n'est pas régulière, quelques-uns sont bien, d'autres plus ronds en tête qu'en queue; les châsses, pour quelques-uns, sont plus grandes aux bouts qu'à la gouttière. Ça sont des manques d'attention, car ce défaut n'est pas général.

Les *emboîtages* sont assez bien, mais cela ne prouve rien, car on comprend qu'il est facile de faire un choix parmi le grand nombre que confectionne la maison ; il paraît que, dans le choix, on ne s'est pas préoccupé de l'intérieur, car les gravures sont très mal margées ; les plaques dorées au balancier sont assez bien tirées, mais les quelques mosaïques sont d'un genre un peu tombé dans l'oubli.

Pour l'*Album*, la pièce principale est un album pour cartes-portraits, in-4°, 200 portraits, dont l'intérieur est entièrement fait en moire de soie jaune avec fond passe-partout en moire de soie blanche. Ce travail a exigé beaucoup de soin et de propreté dans l'exécution ; il est bien réussi.

Du reste, tous les travaux en soie, gardes de volumes, intérieurs de buvards ou carnets, sont généralement très propres et bien réussis. (Fait par Leblanc.)

Il en est de même pour les travaux au balancier, reliefs ou dorure.

Deux *albums* d'un très joli travail se font remarquer par leur garniture argent et oxyde de couleur, sur fond de velours ; ces albums sont montés en soie.

Trois autres *albums* en maroquin, avec reliefs mosaïques, sont bien ; un surtout est de très bon genre, un autre d'un bon goût.

Les garnitures en métal pour albums, buvards, etc., exposées par cette maison ont été fabriquées entièrement dans ses ateliers.

La *dorure sur tranche* des albums laisse à désirer, les raccords d'or paraissent et ils sont gougés de travers.

Trois *albums mauresques* dorés à plat sont mal exécutés, les bords des gouttières sont égrenés et tout rouges, l'or est usé à la brunissure; ces défauts ôtent toute la beauté de la dorure sur tranche; il nous semble que le travail le plus courant devrait en être exempt.

M. Asselin a innové un genre de travail qui sert à l'ornementation intérieure de l'album pour cartes. Les bords des passe-partout sont dorés par lui, ce qui produit un très bon effet, enrichit le cadre du portrait et ajoute un certain cachet agréable à l'œil.

Trois *albums* : 1° Un genre mauresque mosaïqué, dans les quatre vides, une arabesque, branches avec feuilles vides mosaïquées ;

2° Un autre dessin simulant une barrière relief, accompagnée de fers pointillés et mosaïqués ;

3° Un autre dessin, genre français, relief avec mosaïque bleue dans les vides. Ces trois albums sont dorés à la main et parfaitement réussis, surtout si l'on considère qu'ils sont faits en vue du commerce. (Dorés par J. Dewischer.)

Une demi-reliure janséniste (Viollet-Leduc), titre parfaitement compris comme disposition.

*Un volume in-*12, demi-reliure bleu azuline. Encadrement sur le dos, remplis complétement manqués, sans brillant, fouillis achevé.

Une série de classiques français maroquin rouge poli, encadrements remplis, sans aplomb, mauvais coup de fer, titres en trop gros caractères, mauvaise disposition pour la tomaison ; les dos étant à cinq nerfs, pourquoi ne pas mettre le mot « tome » et le chiffre de tomaison en chiffres romains : surtout lorsque l'on a des chiffres arabes aussi usés.

Un grand *album* in-4°, relief, maroquin La Vallière clair, filets gaufrés ; les filets d'accompagnement ne sont pas assez chauds dans certaines parties, dans d'autres ils le sont trop, car ils sont brûlés; le dessin, quoique simple, est de bon goût; les jours gothiques qui sont au dernier plat, à la place des têtes de vis simulées aux angles du dessin du premier plat, sont brûlés. Bon dessin, sans genre il est vrai, mais exécution imparfaite comme nuance de gaufrure.

La *dorure* de cette maison, pour ce qui est de la partie artistique, manque de fini et de brillant, le coup de fer est lourd, la dorure n'est pas bien nettoyée.

Nous avons pu voir, parmi les volumes ayant déjà été exposés, deux in-folios: *Œuvres de Racine*, maroquin rouge, faits pour l'Exposition de Londres, en 1862, et nous avons été obligés de constater que pour cette partie du travail, la maison, au lieu d'avoir progressé, se trouvait au-dessous de ce qu'elle était alors.

Le peu de temps qui a été donné (de l'aveu du représentant de la maison) à M. Julien Dewischer pour faire ses travaux, peut seul servir à excuser un résultat aussi imparfait.

Voilà les conséquences d'attendre au dernier moment pour se décider à se préparer à faire une exposition. Il vaudrait mieux, dans ce cas, ne pas exposer que de risquer d'être au-dessous d'une réputation difficilement acquise.

La maison Lenègre occupe un personnel nombreux, elle travaille à très bon marché, nous nous en sommes rendu compte par les prix qui nous ont été présentés; mais il est de notre devoir de déclarer que les produits que cette maison livre, soit au commerce, soit à ses clients, n'atteignent pas toujours la hauteur de ceux qu'il nous a été donné d'examiner. Dans un chapitre spécial, qui aura trait au travail dans les grands ateliers, nous essayerons d'indiquer les causes de l'infériorité de leur production, et nous rechercherons les moyens d'y remédier.

Terminons, en remerciant la maison Lenègre pour la bonne volonté avec laquelle elle a mis un de ses employés à notre disposition pour faciliter notre travail.

PRINCIPAUX COLLABORATEURS

Corps d'ouvrage :	PROVENAT (Pierre) ; MOUSSÉ (Joseph).
Couvrure et garniture :	BOVINET ; LEBLANC.
Dorure :	DEWISCHER (Julien) ; ALLOU.

—

PARISOT, RELIEUR-DOREUR?.... rue Monsieur-le-Prince (Paris). *Act. rue Vavin.*

M. PARISOT, quoique établi depuis bientôt quinze ans (1868), débute seulement cette année comme exposant, aussi, du premier coup a-t-il cherché à attirer les regards des visiteurs par une riche exposition, et par la mise en pratique d'une mesure demandée depuis très longtemps à tous les exposants ; nous voulons parler des prix marqués à chaque reliure exposée.

Ces prix sont-ils bien réels?... Nous voulons le croire, quoique quelques-uns nous aient paru bien faibles : toute peine mérite salaire, dit un vieux proverbe, et nous croyons qu'un bon marché excessif est d'une concurrence mal entendue, car le plus souvent, l'exposition passée, on allègue mille raisons, trop justes parfois, pour ne pas livrer les mêmes travaux aux mêmes prix que ceux auxquels on les avait cotés.

Quelquefois ce sont les ouvriers qui en font les frais !....

Pourtant, à part la dorure, nous constatons que les travaux de son exposition ne sont pas au-dessus de ce qui se fait journellement chez lui et que son corps d'ouvrage est à l'Exposition et hors l'Exposition très bien soigné.

La spécialité de cette maison est la reliure de livres de messe, missels, bréviaires, etc., ce que l'on appelle livres liturgiques. Elle fait aussi quelques reliures de bibliothèques, mais fort peu, ce genre étant en dehors de sa spécialité.

Un *Missale romanum*, maroquin du Levant, rouge, cousu sur nerfs. Le dos de ce volume est de travers, tout le mors fait par la couture est porté sur le devant; c'est un défaut inhérent à la façon dont il a été cousu, mais avec un peu d'efforts on aurait pu répartir également la nourriture du dos. Les nerfs sont par trop gros et de travers; la couture en est encore cause, on aurait dû la surveiller. Quoique cousu sur nerfs, il s'ouvre difficilement, on a sans doute trop garni le dos de papier ou de parchemin.

La rognure est bien faite. La dorure sur tranche est également bien faite et bien soignée dans toutes ses parties, dans tous ses détails. La marbrure se voit parfaitement sous l'or, il n'est pas nécessaire de feuilleter le volume pour la voir, malgré la difficulté que donne ce mauvais papier; le grattage et le brunissage sont parfaits.

La peau n'est pas parée dans les mors, ce qui raidit l'ouverture, et l'est de trop aux coiffes, ce qui les rend maigres; la soie des gardes est proprement employée, mais n'est pas d'équerre avec la bordure.

Dorure à la main, large dentelle, dix-septième siècle (Du Seuil), très bien réussie comme aplomb, coup de fer bien égal, dos du même genre bien réussi, excepté la queue dont l'ornementation est trop lourde. (Doré par Lagardette, doreur spécialiste, rue Dauphine, 16.)

Vies des Saints, in-4°, maroquin rouge mosaïque violette; cousu sur nerfs, de travers, les gravures montées sur onglets; ce volume ne s'ouvre pas. L'endossure et la rognure sont bien exécutées; mêmes défauts pour la parure, mais c'est de parti pris, car dans cette maison, pour les grands volumes en maroquin plein, l'on ne pare plus les mors ni les bords, on enlève l'excédant du rempli de la peau en biais, au moment du montage des gardes; pour les bords cela n'a pas d'inconvénient, car, au moyen du polissoir l'on peut toujours équarrir le carton, et l'épaisseur de la peau donne plus de résistance à la fatigue; mais pour les mors, cela donne de la raideur à l'ouverture et, de plus, en ouvrant le volume, on aperçoit le mors un tiers plus élevé qu'il ne devrait l'être.

Il ne faut pas parer trop mince, mais cependant il faut parer (excès dans tout est un défaut).

Bonne dorure sur tranche avec semé, hermines rouges.

Dorure à la main genre Louis XIII, appelée aussi fanfare; mosaïque violette irrégulière, filets enfoncés dans le milieu des courbes et mal anglés, la largeur de l'écartement des filets, qui est parfaite pour le plat, est la même pour les encadrements du dos, par conséquent beaucoup trop lourde, d'autant plus que le dos est à cinq nerfs ; la dentelle intérieure, dix-septième siècle, est bien réussie ; le titre est trop lourd in-4° et deux lignes de même format, il faut imiter l'antique, mais pas dans ce qu'il a de mauvais.

Si nos ancêtres en reliure se servaient le plus souvent du même composteur, c'est qu'ils n'en avaient que très peu. Aux seizième, dix-septième et encore au dix-huitième siècles, les titres se faisaient avec des alphabets à queues et gravés, ce qui coûtait fort cher, ils ne pouvaient donc pas en être fournis comme nos modernes, qui peuvent en avoir juqu'à quinze du même œil, s'échelonnant insensiblement.

La dorure de ce volume manque de fraîcheur, n'a pas de brillant et est fatiguée : on croirait une vieille dorure. A-t-on voulu imiter le vieux ? alors on a parfaitement réussi. Le dessin est bien d'époque.

Vies des Saints, maroquin du Levant rouge mosaïqué, vert clair, vert foncé et solférino ; dos brisé. Sur le dos est collé un morceau de maroquin, afin de le consolider tout en lui laissant la souplesse à l'ouverture, aussi s'ouvre-t-il très bien. Ce système de consolidation du dos, non cousu sur nerfs, est excellent pour de petits volumes, il a l'avantage d'éviter le plissement de la peau sur le dos, inconvénient qui se produit aux volumes cousus sur nerfs, mais pour un volume de cette force, la couture sur nerfs est préférable, elle offre plus de solidité.

Même observation qu'aux autres volumes pour la couvrure.

Dorure à la main, *genre Groslier* orné, filets mosaïqués, vert foncé, vert myrte et solférino, entrelacés de filets fins or, fleurs hachées aux terminaisons.

Pourquoi solférino sur rouge et vert foncé avec vert si peu clair? Solférino, nous a-t-on dit, pour imiter le rouge antique.

Cet assemblage de couleurs est d'un effet malheureux, le vert foncé semble être le vert myrte taché par l'huile ou noirci au polissage, quant au solférino, il faut de la bonne volonté pour le distinguer. C'est regrettable, car, à part le rond du centre un peu grand, le dessin est joli et l'exécution laisse peu à désirer.

(Dessin et exécution de M. Besnard, nouvellement établi rue du Pont-de-Lodi, élève de Michel Marius.)

Un *Missel*, maroquin bleu, cousu sur nerfs. Le dos est bossu, pas régulier, les nerfs sont assez bien proportionnés, mais toujours de travers.

Ce volume est raide à l'ouverture, la parure laisse à désirer.

Dorure au balancier, bien brillante. La dentelle ou bordure intérieure est composée de deux roulettes séparées par un double filet, le dessin de celle du bord du carton repose sur le double filet, et la seconde, de même largeur, s'accroche par la tête au même double filet, le pied reposant sur la garde.

Il paraît que c'est la manière de faire de M. Parisot, de son aveu personnel.

Quoi qu'en ait dit M. Parisot à nos observations, sa manière ne fera pas école, car ce n'est pas beau.

Lorsque l'on fait une bordure de roulettes composée, on pousse premièrement une roulette large, relativement à la largeur que l'on veut donner à sa bordure, puis un double ou un triple filet, ensuite une dent de rat, ou un trois point, ou une petite roulette se rapprochant par le dessin de la dent de rat, ou bien encore une roulette dessin courant, c'est-à-dire une guirlande. Si la roulette faisant corps, c'est-à-dire celle qui touche le bord du carton, à un ou deux centimètres, la dernière, celle de l'intérieur, peut avoir tout au plus deux ou trois millimètres ; il faut bien observer, quand elle a un pied, qu'elle doit, comme la première, s'appuyer sur le double ou triple filet intérieur.

Mais ce qui est bien moins permis, c'est de réunir deux roulettes de même largeur, dont les dessins sont aussi éloignés comme genre ou époque.

Exécution bonne par Lévêque, mais direction mauvaise de M. Parisot, qui nous a dit formellement que, pour toute la dorure faite chez lui, toute initiative lui appartenait, un doreur chez lui ne pousse un fer qu'après lui avoir demandé avis (sic)!.., Merci !... Nous sommes tentés de dire comme Boileau : Soyez maçon, si c'est votre état, etc.

Un exemplaire de la *Bible*, de Gustave Doré, maroquin rouge poli, cousu sur nerfs ; le corps d'ouvrage est correct, mais le dos manque de souplesse à l'ouverture.

Le maroquin n'est pas très beau ; l'excuse donnée est que les deux volumes ont été tirés dans la même peau. Nous ne connaissons pas le goût de tous les amateurs de belles reliures ; mais, pour notre part, il nous semble qu'il serait préférable que le maroquin fût plus beau, quitte à se servir de deux peaux. Il est toujours possible de rassortir deux peaux, même dans le rouge : c'est donc un tour de force inutile.

Dorure à la main, genre Du Seuil, rectangle brisé par des courbes, fleurs aux angles.

Les courbes sont démesurément grandes; puis deux filets écartés au lieu de trois filets antiques, ce n'est pas admissible, surtout pour un in-folio : l'on peut se permettre les deux filets sur un volume de petit format, mais pas sur un plat de cette grandeur, aussi l'effet est manqué, c'est maigre, c'est étriqué. Le dos est bien compris, le tout est bien exécuté. (Doré par Besnard.)

Livre de prières La Vallière, genre monastique ou incunable. Sur les plats, les fers sont bien joints, bien régulièrement gaufrés comme noir et comme enfoncé.

Intérieur ou contre-plat Legascon. (Pourquoi ce contre-plat à une reliure de ce genre? N'est-ce pas un peu trop fantaisie, marier le quinzième au dix-septième siècle?) Aux mille points filets entrelacés. Comme exécution ce contre-plat est de beaucoup supérieur à ce qui précède de la même maison de dorure (Lagardette).

Une plaquette in-18, titre affreusement fait. M. Lagardette a-t-il prié M. Parisot d'exposer le travail de son plus mauvais apprenti?

Causeries chevalines, peau de truie, genre monastique ou incunable. Cette peau présente beaucoup de difficultés pour l'égalité du ton de la gaufrure; sa nature, dans certaines parties, étant plus poreuse que dans d'autres, recélant encore, après la préparation du tannage quelque peu de graisse; malgré cela la gaufrure est bien suivie; quant à l'intérieur de la composition, il n'est aucunement on rapport avec le genre que l'on a voulu imiter et ne le prime pas. (Doré par Besnard.)

Ici, M. Besnard a eu la bonne idée de ne rien

mettre à l'intérieur comme bordure; dans ce genre il ne s'en met pas.

Les Résidences impériales de France, maroquin vert, grain écrasé, dentelle à la roulette sur le plat, milieu composé d'un rectangle traversé par un losange, le tout fait avec un double filet écarté; cela ne fait pas un bel effet au milieu de la dentelle; cette partie de la dorure n'est pas réussie, elle manque complétement d'aplomb, et les filets ondulent. La dentelle, composée d'une roulette, est bien poussée, ce qui n'est pas sans mérite, vu sa grande largeur. La bordure intérieure a le défaut cité au missel bleu. (Doré chez M. Parisot, par Lévêque.)

Les Femmes de la Bible. Même genre que le précédent, et aussi bien réussi pour la dentelle sur le plat, composée de roulettes. (Doré par Lévêque.)

La Femme forte, maroquin La Vallière foncé, grain écrasé, entrelacé Louis XIII ou fanfare. Le dessin est d'aussi bon goût que celui de la *Vie des Saints*, doré par M. Besnard; l'anglage ou la jointure des filets est soigneusement fait, les courbes sont un peu fatiguées au centre, mais l'ensemble est bon, et l'idée du remplissage de l'encadrement du dos est très heureuse.

(Doré par Froment, doreur spécialiste, rue du Four-Saint-Germain.)

Quelques demi-reliures ordinaires ont l'ornementation du dos bien réussie; titres assez bien, excepté pour un Buffon, dont le titre général est par trop gros. Veaux mats et polis; pièces de couleur, bien propres.

Plusieurs in-8 et compactes; reliés pour le commerce, en chagrin, avec bordures roulettes et filets sur plats, bien établis.

Le genre paroissien est également représenté

par des maroquins polis avec écussons mosaïqués.

Citons encore comme gentil le petit paroissien bleu, bordure or et plaqué, avec sujet en ivoire au milieu.

APERÇU GÉNÉRAL

Le corps d'ouvrage est généralement bien fait, comme il est dit plus haut. Si beaucoup de nerfs sont de travers, la faute en est premièrement à la couturière, quoique l'endosseur aurait peut-être pu les redresser, mais ce défaut ne constitue pas une mauvaise endossure ; le seul reproche que l'on pourrait sérieusement lui appliquer, c'est de ne pas réunir la solidité à la souplesse, cette dernière a été sacrifiée à la première ; pourtant, si cela provient d'une trop forte garniture du dos après l'endossure, à l'usage, la solidité pourra se trouver compromise et les dos se casseront.

La *rognure* est bien faite.

La *dorure sur tranche* est bien soignée. Nous devons signaler un *livre de prières* en chromo-lithographie, marbré, doré, dont le papier très fort, presque comme de la carte, et de plus collé, présentait deux obstacles à l'obtention d'un aussi bon résultat ; la marbrure se voit parfaitement et la dorure est régulière, elle ne grésille pas, elle reste intacte ; et un autre, *Résidences impériales de France*, un volume compacte, tranche orientale, c'est-à-dire dorée, puis marbrée, peignes de différentes couleurs et ensuite rebrunis. Lorsque l'on commença à exécuter ces tranches, on rencontra une grande difficulté : l'or, s'interposant entre le papier et les couleurs, il s'ensuivait qu'au brunissage, ces dernières s'étalaient et la marbrure perdait sa netteté ; mais depuis, la pratique aidant, on a trouvé un procédé qui permet de vaincre cet inconvénient et d'arriver à un résultat complet. Il suffit de passer une couche de colle de peau sur la tranche dorée avant de la faire marbrer.

Malgré ce bon résultat, ce genre de dorure est tout à fait fantaisiste et d'un goût un peu douteux ; il n'a pas la prétention de remplacer la tranche marbrée dorée, et bien lui en prend : il peut faire les délices des habitants des colonies espagnoles, des amateurs de bariolages, servir à l'ornementation des carnets destinés à l'exportation, mais tout amateur sérieux, ami du beau et par conséquent du simple, ne voudra pas maculer les tranches des volumes auxquels il tiendra par ce barbouillage.

La tranche que M. Parisot expose de ce genre est complétement réussie.

Toute la dorure sur tranche de cette maison a été faite chez M. Morand. Est-ce à lui, est-ce à ses coopérateurs qu'il faut adresser des félicitations (1)?

Les *tranchefiles* de cette exposition sont généralement bien faites, les couleurs sont bien assorties. Elles sont toutes exécutées, nous a-t-on dit, par Mme Orchomp, ouvrière chez M. Parisot.

Mais comme s'il fallait qu'une qualité entraîne toujours avec elle un défaut, pour laisser voir les tranchefiles dont ce chef de maison est sans doute fier, les coiffes minces, petites et en arrière, laissent trop à découvert les tranchefiles, lesquelles sont aussi trop renversées. La minceur des coiffes

____

(1) Nous devons dire, pour l'acquit de notre conscience, que Paillet, délégué pour la dorure sur tranche, nous a communiqué ses notes sur les travaux de cette maison bien avant que les circonstances ne lui aient fait reprendre la place qu'il occupe maintenant chez ce doreur. (Note du rapporteur, 1868.)

est d'autant plus sensible pour les reliures pleines que les bords des cartons sont très nourris de peau, M. Parisot ne faisant pas parer les bords des couvertures, afin de laisser plus de solidité au volume. Si l'on veut exagérer la solidité et l'épaisseur des cartons, il faut que les coiffes soient fortes en conséquence.

Les gardes de papier pour les demi-reliures, comme pour les reliures pleines, ne sont jamais ébarbées jusqu'au mors ; elles laissent toutes sur le plat intérieur un petit angle, taillé, du reste, très régulièrement, lequel recouvre une partie de la bordure, lorsqu'il s'agit de reliure pleine, pourquoi cela ?

On ne doit pas, il est vrai, ébarber la garde jusqu'au fond du mors, ce qui laisserait à découvert l'extrémité intérieure du carton ; mais il ne faut pas tomber d'un excès dans l'autre, et laisser sur le plat intérieur une petite parcelle de papier qui n'a rien de beau et n'a pas de raison d'être ; car, à l'œil, elle fait terminer la bordure en sifflet et empêche la garde de se terminer à angles droits aux quatre coins du plat.

La dorure au balancier est bonne, mais les écussons des paroissiens sont trop enfoncés.

Il faudrait pourtant nommer les choses par leur nom ! Pourquoi cette exposition est-elle fournie d'une aussi grande quantité de travaux faits hors de la maison ?

Nous en avons été surpris.

M. Parisot possède un matériel complet de dorure ; pourquoi n'a-t-il pas fait faire la partie artistique chez lui ? S'il ne la pouvait faire lui-même, il lui suffisait de se procurer à l'avance un premier ouvrier, ce qui était possible, et son exposition ne serait pas, sous le rapport de la dorure, celle de MM. Lagardette, Besnard et Froment. De plus, son titre, dans le cas actuel, de relieur et doreur, se trouverait complétement justifié.

M. Parisot, pour la masse du public, s'approprie le travail d'autrui ; il a le bénéfice de direction sans en avoir eu la charge. Est-ce parce que la charge eût été trop lourde ? Alors nous aurions donc raison en disant que cet exposant a voulu faire plus que ses forces.

La vitrine de M. Parisot contient encore plusieurs tranches ciselées, lesquelles ont droit aux louanges de tous. Qui les a faites ? il est inutile de le demander : *M. Mutel* a, dans ce genre, primé depuis longtemps sur tous ses concurrents ; il sait joindre à l'art cette simplicité qui seul le rend beau ; dans tous ses travaux, la légèreté de main s'unit à la hardiesse de ses dessins.

M. Parisot a été véritablement inspiré, cette fois, en s'adjoignant M. Mutel comme coopérateur étranger à sa maison.

Principaux coopérateurs de l'atelier :

MM. Depeaux, corps d'ouvrage ;
    Adolphe Lemaire, couvreur ;
    Lévêque, doreur sur cuirs.
Mme Orchomp, ouvrière relieuse.

GAYLER-HIROU, relieur, rue de Condé (Paris).

Spécialité de cartonnages antiques, dits hollandais. Ce genre s'adresse principalement aux amateurs, bibliophiles et bibliomanes. Ce sont eux qui doivent apprécier l'idée qu'a eue M. Gayler de le ressusciter.

Ce genre de travail, tombé dans l'oubli depuis longtemps, a eu cependant sa grande utilité, car c'est grâce à ce procédé de reliure provisoire que de magnifiques éditions nous sont parvenues intactes sous le rapport de la conservation.

Il est à regretter que M. Gayler n'ait fait que des imitations du genre et qu'il ait négligé la partie essentielle, cause de leur solidité. Nous disons imitation extérieure seulement, car ce ne sont que des emboîtages, les nerfs qui traversent les mors de la couverture ainsi que ceux des coiffes ou tranche-files ne sont que simulés; le volume devrait être cousu avec.

Il en peut coûter de les faire véritables; nous doutons que ces cartonnages puissent résister à deux et trois siècles de fatigue comme ceux que l'on retrouve encore enveloppant les produits des presses des Alde, des Estienne, des Elzevir, des Plantin, des Froben, etc.

Extérieurement, comme garniture, ils sont parfaits et rendent très bien ce que M. Gayler a voulu imiter. Tantôt les fermoirs sont en ivoire, tantôt ce ne sont que de simples attaches de cuir se fixant à l'aide de boutons d'ivoire; ici, les plats souples en parchemin permettent au volume de se rouler, de se plier à volonté et de se maintenir en rouleau à l'aide de lacets de cuir; d'autres, les devants de la couverture se rabattent afin de protéger la gouttière; là, des fleurs peintes, des filets, des inscriptions gothiques manuscrites.

Mais pourquoi n'en être pas resté là? pourquoi en avoir surchargé quelques-uns de fleurs peintes, de blasons, de têtes d'animaux, de mosaïques, etc., en genre tout à fait polycrome? Cela pouvait saisir le public fantaisiste et non connaisseur; mais en retirant l'aspect classique sérieux, on ne peut plus satisfaire le véritable amateur, le vrai bibliophile.

Cette maison n'a pour ainsi dire pas exposé de travaux de dorure, puisque dans cette vitrine il n'y a que deux volumes dorés à la main, l'un sur velin blanc et l'autre sur veau antique.

Sur le velin, un milieu *Du Seuil* assez beau, de bonne imitation, et comme exécution, rien à reprocher; mais il n'en est pas de même du volume couvert en veau, sur lequel on a voulu imiter un *Groslier* première époque, à feuilles vides, mosaïqué au moyen d'un rouge acide. Est-ce rouge, est-ce lie de vin ou solférino? Ce n'est aucune de ces couleurs, mais certainement c'est baveux et nuancé, le coup de fer est mauvais; il est regrettable de voir ce volume prendre ses ébats et tenir beaucoup de place dans cette petite vitrine, cherchant vainement à attirer les regards des amateurs: « La grenouille, enfin, qui veut se faire bœuf. »

C'est ce genre que spécialise principalement M. Gayler, et ce volume est certainement de nature à lui faire tort.

Chez qui a-t-il été doré, la dorure n'étant pas faite dans la maison? Nous n'avons pas cherché à le savoir, quoique la matière employée pour la mosaïque nous le fait supposer.

Le doreur qui l'a exécuté, le voyant si peu réussi, aurait bien dû se refuser à cette mise en vedette.

Les inscriptions sur les parchemins sont faites à l'encre et imitent l'écriture manuscrite des quatorzième et quinzième siècles.

Des cartonnages modernes en toile peinte et en

parchemin complètent cette vitrine, mais de reliure point.

 . M. Gayler relie pourtant; il aurait été à désirer que nous pussions aussi le juger sous ce rapport..

—

ERNEST CORNILLAC, à Châtillon-sur-Seine, imprimeur, libraire, relieur. Spécialité de livres de piété pour le commerce.

Au premier coup d'œil jeté sur la vitrine de M. Cornillac, on s'aperçoit que les reliures exposées n'ont pas été faites exprès pour l'Exposition, et qu'elles sortent tout bonnement de ses magasins, car nul doute qu'il n'ait pu rivaliser avec les meilleures maisons du genre qu'il a adopté, s'il avait fait, comme elles, des travaux particulièrement en vue de l'Exposition.

Devrons-nous pour cela être sévères? Nous ne le croyons pas, car M. Cornillac a eu au moins le mérite de la sincérité (si toutefois ce n'est négligence de sa part), et les personnes qui lui commanderaient des travaux d'après ceux de sa vitrine seraient à peu près certaines de ne pas être trompées de beaucoup.

Le corps d'ouvrage de cette maison laisse beaucoup à désirer; les mors ne sont pas assez fournis à l'endossure, ce qui rend les dos pointus et sans grâce, quelques-uns sont trop ronds, soit en tête, soit en queue, et par ce fait les marges sont rognées de travers, les chasses ne sont pas égales, les gouttières trop plates relativement au dos et même au creux ordinaire. Quelques volumes ne sont pas rognés d'équerre, les nerfs des volumes, cousus sur

2.

nerfs, sont trop gros ; principalement au paroissien qu'il intitule : XV⁰ siècle (1), et au paroissien n° 48.

La dorure sur tranches n'est pas non plus exempte de critiques : elle colle au fond des gouttières creuses, le temps d'arrêt qui se produit au brunissage n'a pas été enlevé par la dent de loup, le grattage est mal fait ; les bords des gouttières sont frisés, ce qui n'a pas, dans ce cas, l'excuse que les bords n'étant pas fournis on ne pût l'éviter, comme cela arrive aux gouttières trop creuses ; la marbrure se

---

(1) M. Cornillac intitule ce paroissien : *Paroissien romain XV⁰ siècle*. Il y a erreur de sa part, puisque son texte est imprimé en lettres latines, et, de plus, qu'il n'a pas d'entourage en arabesque avec petites figures. C'est tout au plus un seizième siècle, car la fin seule du quinzième siècle produisit des heures gothiques dont le texte était complétement composé de caractères gothiques, connues dans le monde bibliographique sous le nom de *Heures de Simon Vostre*, mais réellement de *Philippe Pigouchet* (1484), et ce n'est que vers 1516 que Vascosan, un des premiers, introduisit dans la typographie l'emploi du caractère latin, dont Géring et ses associés, en 1470, s'étaient déjà servis et l'avaient ensuite abandonné. (Voir l'*Histoire de l'imprimerie*, par Paul Dupont ; édition in-12, 1854, t. II, page 6, et le tableau chronologique, même tome, 1484-1501.)

M. Engelmann-Gruel donne, pour appeler le sien quinzième siècle, la raison qu'il a en sa possession (et que nous avons vu) un livre d'heures, avec entourage du même genre que les Pigouchet, quoique ayant le texte en caractères latins, imprimé par Thielmann-Kerver, sans date, dont le calendrier commence en 1506. Il suppose donc que le travail de ce livre a pu être commencé au quinzième siècle et terminé au seizième, par ce fait d'une date aussi rapprochée comme publication. il croit pouvoir, sans se tromper, l'appeler livre d'heures du quinzième siècle.

Le paroissien de M. Cornillac n'a aucune raison de s'appeler paroissien du quinzième siècle, qu'il l'intitule Elzevir, il sera plus dans le vrai. (V. WYNANTS).

voit imparfaitement sous l'or ; les tranches des couleurs forment des nuances d'une façon remarquable sur les côtés des gouttières, cela provient du manque de soins à la gratture ; les semés sont assez d'aplomb.

La parure laisse des traces aux bords du carton d'une façon régulière, le maroquin est tiré, le grain presque effacé, aux volumes à charnières, le carton fait saillie sur le mors d'au moins la moitié de son épaisseur, cela provient de ce que les mors ne sont généralement pas fournis, il s'ensuit pour plusieurs un creux de 2 millimètres au moins de profondeur sur toute la longeur des deux côtés du dos.

Les tranchefiles à ruban sont bien faites, mais malheureusement avec des couleurs criardes et mal assorties.

Les gardes en soie sont généralement bien faites, la pose des fermoirs et des coins est assez soignée ; les incrustations ne sont pas assez entrées ni assez serrées.

La dorure de cette maison n'a rien de véritablement artistique ; beaucoup de variétés dans les dessins, tous d'une grande simplicité ; grand choix d'écussons et milieux de tous genres, plaques Groslier et milieux composés et exécutés à la main.

Paroissien romain in-18. La Vallière foncé, maroquin du Levant écrasé, plaque or, genre Groslier (pur), mosaïque vert foncé ; mal venu et sans effet par ces deux nuances mal assorties ; intérieur ou contre-plat maroquin rouge complétement écrassé, sur lequel une dentelle à petits fers, parfaitement dorée et avec soin.

Paroissien romain maroquin rouge, filets entrelacés et garnis de feuillage (genre fanfare) ; le dessin n'est pas beau et trop garni de feuillage ; il n'a pour lui que d'être proprement exécuté.

Un volume maroquin rouge, grain long, genre Bozerian, guirlande de roses courantes autour du plat entre deux filets fins ; aux quatre angles intérieurs, un coin bouquet de roses ; bordure intérieure, roulettes composées. Pourquoi n'avoir pas mis, comme corps de la bordure, une roulette à dessin courant, pour rester dans le genre ? Garde-soies dorées aux angles avec un fer alde (ou Groslier). Pourquoi encore s'être éloigné d'une manière aussi complète du genre ? Se servir de cette fleur pour dorer les angles et le milieu de la garde est par trop fantaisie ; à cette époque, l'on dorait les gardes par une petite roulette courante au bord de la soie.

Ce n'était pas très beau, il est vrai, mais, dans des cas semblables, on fait de l'à peu près ; il fallait pousser un petit bouquet aux angles des gardes et non une fleur Groslier.

Un petit écusson à la main, fait d'un simple filet, garni avec beaucoup de sobriété de feuillage à son sommet et à sa base, et est rejoint par des points à la main. Dans sa simplicité, cet écusson est parfait et de bon goût.

Une série d'écussons, sujet intérieur religieux, entourages avec dessins imagés et imitation de bois sculpté. Cette série de dessins rentre un peu dans le genre emboîtage, elle a aussi ses sujets pouvant être poussés à froid, demi-relief et les mêmes en or ; si les dessins sont jolis et très fins de gravure, par la mosaïque criarde et leur cachet, ils rentrent un peu trop dans le genre imagerie, chemins de croix, et ne conviennent pas aux genres de reliures sur lesquels ils doivent être employés.

Les dessins intérieurs sont de M. Catenacci, mais la partie ornementée est dessinée et gravée par Souze.

Citons encore la petite collection in-48 de livres de piété, reliures très variées, depuis des prix relativement élevés jusqu'à ceux très bon marché.

Le travail de cette maison, comme dorure à la main, est fait avec beaucoup de soin, les filets bien minutieusement anglés, la dorure bien nettoyée et bien à fleur de peau; il est vrai que cette dernière qualité est obtenue par une ficelle de métier. Comme il ne s'agit en ce moment que des maroquins polis, l'on fait chauffer la plaque argentée, et l'on écrase à nouveau le grain après la dorure; de cette manière la dorure devient à fleur; mais cela s'aperçoit, car les filets sont quelquefois baveux par l'écrasement de la peau.

La maison n'a pas exposé de travaux prétentieusement artistiques, ni d'œuvres de longue haleine, mais seulement un courant de commerce.

La dorure au balancier pêche dans la plupart des écussons poussés sur la collection in-48°. Cette critique s'applique aussi justement pour la dorure du paroissien quinzième siècle Cornillac? Cette jolie plaque, du meilleur effet, avec et principalement sans mosaïque (c'est une réduction d'un grand plat original Groslier), l'écartement des filets est très petit et laisse peu voir la mosaïque, surtout dans ce cas La Vallière foncé et vert foncé; elle méritait que l'on prît à la dorure un peu plus d'attention.

Les mosaïques ne sont pas heureuses par l'agencement des couleurs, on pourrait presque dire qu'elles sont de mauvais goût.

Le polissage est souvent nuancé, le grain du maroquin est trop écrasé, surtout à ceux d'une certaine couleur La Vallière, et aux bleus azuline, on croirait presque tenir des volumes en basane dans la main. Il faut écraser le grain, mais non pas l'effacer!...

Les titres ne sont pas soignés comme disposition de lignes et sont généralement trop gros, trois lignes d'in-18 sur un encadrement d'in-48°, cela garnit de trop, et puis pourquoi ne pas mettre *le*, *la*, *les*, *de*, *des* ou *de la*, dans un composteur plus petit? Malgré cela, ils sont pourtant mieux disposés qu'à la maison Mame et C°, où l'on copie trop servilement les dispositions typographiques.

Une disposition de caractères sur le papier n'a quelquefois plus sa raison d'être sur le dos.

En étudiant le travail de cette maison sous le rapport du corps de l'ouvrage, l'on distingue plusieurs mains, plusieurs façons de faire. A quoi cela tient-il? Au changement apporté sans doute dans le personnel ouvrier; ceci est regrettable, car si nous en jugeons par quelques travaux que nous avons sous la main, de bons ouvriers ont passé dans la maison, et il était de son intérêt, pour être à la hauteur de ses concurrents, de les conserver.

- Les *Paroissiens XV° siècle* ont, nous le supposons, été reliés chez M. Canapp, à Paris.

Doreur attaché à la maison : F. MIGEON;
Couvreurs : MARCHAND et MARQUANT;
Corps d'ouvrages supposés : VIGNY et Alexandre MILLIER;
Doreur sur tranche : CŒURDEVÉ;
Tranchefileuse : Pauline SAURIOT;
Garnisseuse : Annette HÉRON.

HACHETTE et Cᵉ, Libraires-Éditeurs, boulevard
Saint-Germain ; atelier de reliure : boulevard
des Fourneaux.

Cette maison expose ses éditions plutôt que la
reliure ; mais, comme toutes ses éditions sont reliées
soit en maroquin plein poli doré sur tranche, soit
en demi-maroquin tête dorée genre amateur ; comme
de plus nous savons qu'elle se charge de la reliure,
nous avons cru ne pas devoir nous abstenir de juger
la manière dont la reliure était traitée pour cette
maison.

Il n'y a de son atelier de reliure que des emboîtages, particulièrement la collection intitulée :
Bibliothèque Rose. Ces petits cartonnages en toile
rouge tranche dorée, avec plaque spéciale, sont très
bien faits et plairont toujours comme livre d'enfants, mais ne peuvent pas prendre place dans une
bibliothèque. Pourquoi alors leur faire perdre de
leur marge en les dorant ? Quelques autres volumes
petit format, toile pleine violette, tranche rouge
carmin bruni, gouttière creuse, comètes violettes
(ou fausses tranchefiles), ce qui jure assez avec la
tranche rouge : ce sont bien des façons pour de simples cartonnages. Mais, pardon, ils avaient leur
costume d'exposés.

L'endossure est bien faite.

Le reste de la vitrine est rempli par des reliures
et demi-reliures de différents ateliers, qui pour la
plupart ne sont pas signées.

Une collection d'in-8° cavalier, maroquin plein
de différentes couleurs, grain écrasé, façon janséniste, signé Gruel. Nous allons donc profiter de
cette occasion pour juger les travaux ordinaires
d'une maison exposante.

Nous y trouvons bien plus accentués les défauts que nous constaterons dans son exposition : nerfs trop forts, endossure irrégulière et le rempli des coiffes faisant toujours bosse sur le dos. Ce dernier défaut est commun à presque toutes les reliures de cette vitrine; les tranchefiles sont trop droites, trop relevées, quelquefois même rentrées; c'est le défaut contraire à celui que nous avons signalé chez M. Parisot.

Les titres, seuls ornements extérieurs du volume, sont généralement trop gros. M. Gruel a-t-il voulu satisfaire le goût de la majorité des libraires et marchands de livres, qui veulent des titres très voyants. Si ç'a été son but, il l'a atteint d'une façon complète, surtout à l'exemplaire du *Corneille*; de plus, on ne doit jamais mettre la date de l'édition dans la pièce du tome, sous la tomaison. Pour la maison Hachette, cette date a certainement une valeur, mais elle avait sa place toute naturelle au bas du dos. Dans ce cas, il ne faut pas s'éloigner de là façon de faire typographique, qui met toujours la date au bas du titre et non pas au milieu, sous la tomaison. Dans ce cas, l'on mettra le lieu et la date dans la queue et non autre part.

Le polissage est généralement nuancé, la cause en est à l'irrégularité de la parure; les dentelles intérieures sont soigneusement poussées.

Une collection d'in-8° jésus, sans signature visible, reliés genre amateur, dos fermes, cousus à la grecque; les nerfs ne se rapportent pas aux ficelles. Pourquoi avoir négligé ce détail?

Sur cette collection ainsi que sur les in-12 demi-reliures, avec coins, les titres sont mieux compris.

Nous croyons, sans pouvoir l'affirmer, que la dorure

a été faite chez M. Lagoguey, doreur-spécialiste, rue Bourbon-le-Château.

Les tranches marbrées, dorées, laissent bien voir la marbrure; elles ne collent pas, et le bruni est d'un ton bien foncé; dorées sur tranches par plusieurs doreurs spécialistes.

L'Enfer du Dante, in-folio, maroquin poli, tranche dorée, signé Gruel. — L'endossure est de travers, le dos fait le toit, et il n'a pas la solidité qu'exige un volume de cette force; quelques gravures mal margées.

Les Lettres de Madame de Sévigné, exemplaire en plusieurs volumes; quelques-uns ont les dos plats, irréguliers et de travers.

Les Œuvres de Victor Hugo, in-12, tranches ébarbées, tête dorée; les mors sont trop forts et font saillie sous la couverture.

Pour terminer, exprimons le regret que nous avons éprouvé en constatant des imperfections aussi notables sur des volumes signés Gruel, et regrettons, en passant, que le travail courant de cette maison soit aussi loin et de sa réputation et des travaux exposés dans sa vitrine.

Divers ateliers de reliure travaillent pour cette maison, citons la maison Magnier et Masson pour la demi-reliure.

—

ENGEL ET FILS, RELIEURS-DOREURS, rue du Cherche-Midi, 91, à Paris.

La spécialité de cette maison est la reliure de commerce proprement dite; aussi sa vitrine ne contient-elle que des spécimens de livres destinés à la vente des libraires, aux époques des distributions de prix, du jour de l'an, et des volumes vendus tout reliés à bon marché.

L'exposition de cette maison est surtout remarquable par ses dorures au balancier, dans lesquelles elle excelle.

Jusque alors les Anglais, qui avaient créé ce genre, étaient considérés comme supérieurs à nous pour cette partie du travail. Cette fois, ils sont dépassés. A la bonne impression des plaques, à la solidité de l'exécution, que l'on a toujours admirée chez nous, M. Engel a su joindre la délicatesse dans le dessin, en même temps que la richesse et le goût français dans la composition, ce qui fait sa supériorité.

Quant à la reliure, elle a un cachet de propreté qui flatte l'œil; mais de solidité réelle, il n'y faut pas compter. Le corps d'ouvrage est bien traité, mais n'a pas eu tous les soins voulus pour être solide. Aucun de ces volumes n'a été mis en paquet à l'endossure, ni frotté. C'est la tendance de toutes les grandes maisons de négliger cette façon. C'est plus expéditif, et, par conséquent, plus économique; mais les personnes qui aiment la solidité seront assurément de notre avis, en n'acceptant pas cette façon de faire.

Comme il ne s'agit ici que de reliures de commerce, nous passerons sur les défauts qui ne sont qu'accidentels; mais nous devons, toutefois, relever les plus saillants, et surtout ceux qui sont généraux.

Les cartonnages dits à la Bradel (aussi emboîtages) sont élégants et faits avec soin. Les cartonnages classiques, les basanes pleines racines et jaspées ont très bonne apparence comme coup d'œil; mais les cartes sont collées sur le dos, ce qui

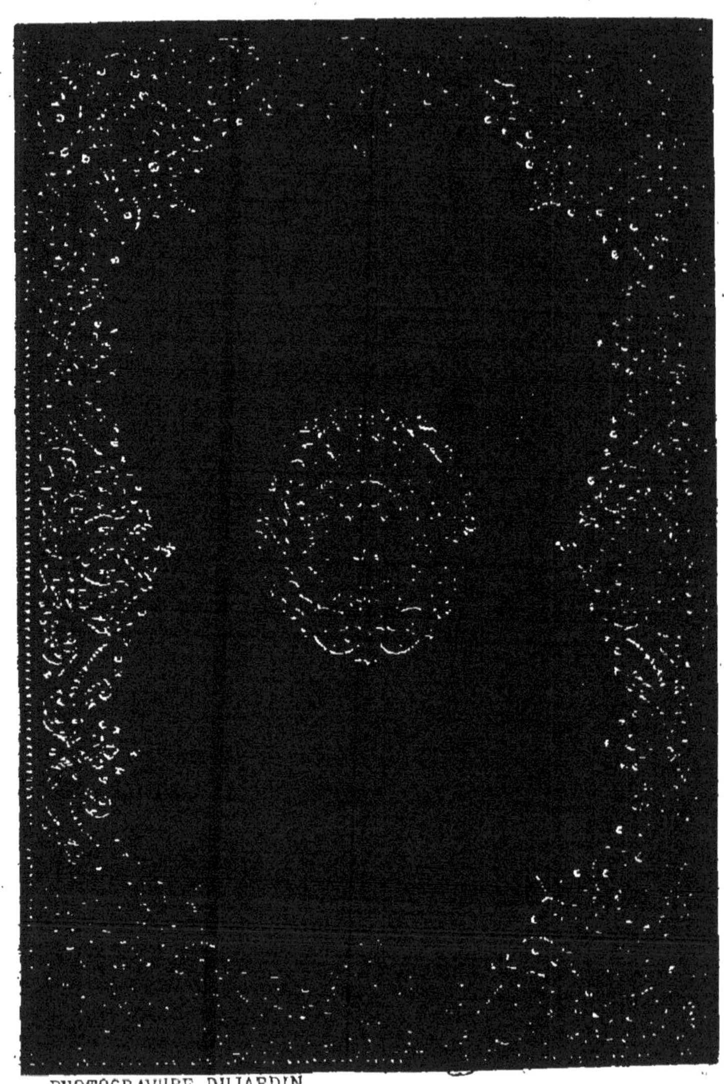

PHOTOGRAVURE DUJARDIN

empêche l'ouverture. Nous ne comprendrons jamais que l'on sacrifie l'utile à l'apparence.

La Vie de la Vierge Marie, in-folio chagrin bleu azuline, montée entièrement, texte et chromo, sur onglets de toile. Les onglets sont collés sur le recto du feuillet, c'est-à-dire sur le côté le plus apparent à l'œil. Le collage au verso n'a rien de plus mauvais, et a l'avantage de ne pas salir la face de la gravure ou de la feuille de texte.

L'endossure et la rognure sont bien soignées. La couvrure pèche par son apprêture, défaut général de la maison.

Le plat est orné d'une dentelle dont le caractère d'originalité est que, au lieu de se terminer en onglet, comme généralement toutes les dentelles, elle est sans interruption, les coins étant arrondis. Comme coup de fer, bon aplomb, bonne chaleur, bon brillant, mais il est regrettable que la dorure ne soit pas nettoyée parfaitement ; cela lui fait perdre un peu de son effet. La dorure du dos n'est pas en rapport avec le plat.

Comme M. Parizot, cette maison, qui a pour le moins trois doreurs à la main dans ses ateliers, a fait faire la seule pièce capitale dans ce genre hors de chez elle. (Doré par Froment.)

Nice et Savoie, in-folio. A ce volume, les onglets sont montés sur le verso ; mais, en revanche, les planches sont mal margées. L'endossure et la rognure sont bien faites. La dorure sur tranche est plucheuse.

Les Emaux de Petitot, in-4°, pleine reliure chagrin rouge, tranche marbrée dorée (voir la planche) ; les onglets sont encore collés sur le recto ; le corps d'ouvrage est bon ; la marbrure ne se voit pas sous l'or, elle a été enlevée presque complétement à la façon qui précède la couchure. Magnifique plaque, imitation consciencieuse, copie d'un plat doré genre Derome, aux initiales royales dans les coins.

Les *Œuvres d'Alfred de Musset*, in- 4°, tête dorée, tranche ébarbée; l'endossure est bien faite, mais l'ébarbure a été négligée; la tête est bien dorée, les coups de la parure sont trop visibles, les nerfs ne sont pas sur les ficelles. Pour du commerce, cela pourrait passer; pour de l'exposition, non!

Un Album-spécimen d'ornements typographiques de Deriez, fondeur, in-folio; pleine reliure chagrin rouge. Ce volume a été surjeté pour être cousu, et le dos est cassé. Cet Album est d'*usage*. N'aurait-il pas été raisonnable de le monter sur onglets, d'abord pour la fatigue qu'il est appelé à supporter, et puis pour qu'il y ait harmonie avec la richesse du travail extérieur? Le bruni de la dorure sur tranche est rayé, la tranche est blanche par la peluche, que l'on n'a pas eu la précaution d'enlever.

La dorure extérieure (voir la planche) est faite au balancier et mérite une mention spéciale, tout en accordant à ce travail dans cette maison des éloges mérités. La plaque a été préparée dans les ateliers de M. Deriez même et par ses procédés; elle est en la même matière que les caractères et les attributs servant à la typographie. Avec des plaques de cette composition, plomb et régule, on ne pourrait remplacer le cuivre, car le fort degré de chaleur pour les tirages en cuivre, joint au foulage assez fort nécessité pour les impressions sur la toile aurait bien vite écrasé la matière; mais pour un tirage sur la peau, et surtout en or, l'on pourrait en quelque sorte un peu s'en servir; celle-ci, du reste, se prête merveilleusement au tirage en or sur de la peau. En effet, les ornements si fins qui

PL. II
IMP. EUDES.
PHOTOGRAVURE DUJARDIN

IMP. EUDES.

la composent, ces déliés en traits de plume, la roulette qui sert pour ainsi dire de cadre, ont quelque chose de si doux à l'œil que la dorure à la main la mieux faite ne saurait surpasser.

L'exécution des plats de ce volume est parfaite, l'or est brillant, rien n'est manqué, et l'examen le plus soutenu n'a rien à demander de plus pour un travail purement mécanique, il est vrai, mais où néanmoins surgit dans tout son éclat les soins et l'intelligence du doreur au balancier.

Nous pourrions offrir encore, comme argument contre les détracteurs du travail au balancier, le grand *Atlas de Dufour*. La disposition de la vitrine ne nous permet pas de retirer ce volume de l'endroit où on l'a placé, avec quelques autres, que nous regrettons de ne pouvoir examiner à notre aise ; mais, tel que nous le pouvons voir, il peut, à notre avis et avec avantage, servir de point de comparaison entre les travaux des maisons qui concourent dans cette spécialité et ceux exécutés à la main : « L'ennui, dit-on, naquit de l'uniformité. » Mais entre régularité et uniformité, la distance est immense, quand le résultat obtenu par la presse est aussi satisfaisant que celui dont nous avons les échantillons sous les yeux, il serait insensé de ne pas se ranger du côté de l'avantage qu'il doit, qu'il peut procurer et qu'il procure en effet par la rapidité d'exécution, et du bon marché que donne naturellement cette facilité de faire vite et bien.

Les plaques de *Daphnis et Chloé*, les *Amours de Psyché et de Cupidon* (voir la planche), les *Contes de Perrault*, le *Sabot de Noël*, plaques froides et or, et beaucoup d'autres, toutes tirées par M. Eugène de la Courcelle, ainsi que celles dont nous avons parlé plus haut, font honneur à cet ouvrier, qui a fait preuve d'habileté en montrant quel parti on peut tirer d'un matériel intelligemment dirigé.

Les cartonnages emboîtages : *Mademoiselle Lili*, toile gaufrée, plaque dentelle, ont un sérieux inconvénient ; les cartons sont à biseaux, nécessairement très forts et, par conséquent, trop lourds dans les mains d'un jeune enfant.

DEMI-RELIURES CHAGRIN ET VEAU

Les demi-reliures veau antique, pièces rouges et vertes, cinq nerfs, ne peuvent satisfaire un amateur ; les titres ne sont généralement pas compris. Dans la première pièce, le doreur a mis « collection des classiques français » et, dans la seconde pièce, le nom d'auteur, la tomaison générale, la matière du volume et sa tomaison particulière ; tandis qu'il y était, il aurait pu y mettre aussi l'édition, le millésime, et la pièce aurait été, de cette façon, archicomplète. Il était plus convenable de mettre dans la première pièce : *Classiques français* (collection sous-entendue), un trait, le nom d'auteur et la tomaison générale, s'il y avait lieu ; dans la seconde, la matière et la tomaison, cela aurait suffi.

Non-seulement, la seconde pièce est surchargée, mais le nom d'auteur y est mis en petit in-4°, tandis que la matière varie de l'in-8° grand papier à l'in-12 ; avec cela, souvent deux tomaisons, la générale et la particulière, le tout dans un encadrement d'in-8°, dont le dos est à cinq nerfs, par conséquent très étroit.

Jugez de l'effet !...

Le nom de l'auteur peut dominer quand il est

mis comme titre général; mais la matière du volume, lorsqu'elle est mise dans la seconde pièce, est considérée comme discours et ne comporte pas plusieurs composteurs ni surtout l'emploi de gros caractères; il est inutile de faire une affiche qui puisse être lue à un hectomètre de la bibliothèque, à moins cependant que l'on travaille pour un myope. Pourquoi aussi faire dominer le mot *complètes*, qui, dans le titre, a moins d'importance que le mot *Œuvres?* Il faut éviter de sacrifier la logique pour faire des lignes à perspectives.

Les tomes généraux et de matières peuvent être mis avec avantage en chiffres romains, surtout si le dos est à cinq nerfs et affecte l'antique.

Pour les dos à cinq nerfs, lorsque l'on a un volume seul, sans nom d'auteur, et que par conséquent la seconde pièce se trouve complétement libre, on peut y mettre le nom, la date ou le lieu de l'édition pour la remplir; mais, dans aucun cas contraire, comme il est dit à la maison Hachette, cela se met dans la queue.

Toute cette dorure à la main et ces titres sont bien poussés; les encadrements de certains, au balancier ou remplis à la main, sont d'un goût un peu douteux.

Il est vrai que cette maison cherche le bon marché, mais si les doreurs à la main connaissaient les finesses de la dorure, en tant que titres, le travail, sans coûter plus cher, serait beaucoup mieux; ce ne serait qu'une dépense d'intelligence, de goût et de savoir.

L'endossure des demi-reliures est bonne, mais la rognure n'est pas parfaite, surtout à ceux en veau, les chasses sont irrégulières. La couvrure pèche par l'apprêture; c'est un défaut général à toute cette exposition. Les coins du carton, près la coiffe, sont coupés à angle droit; ce défaut est commun à tous les volumes de cette vitrine. Cela est vilain pour des demi-reliures, mais encore plus laid pour des reliures pleines; la coiffe est naturellement difficile à faire et n'est jamais bien, la bordure intérieure se trouve ébréchée ainsi que le plat extérieur. Pour bien faire, le coin doit être coupé un peu en long, dans le sens de la longueur du carton, et en biais dans le sens de l'épaisseur, de façon que la partie intérieure du carton soit très peu atteinte et que le vide intérieur puisse être rempli par le repli que la peau fait à la coiffe.

Plusieurs volumes ont des tranchefiles à rubans, couleurs carnavalesques.

La maison n'emploie que des spécialistes; comment se fait-il qu'ils le soient si peu?

M. Engel père est le fondateur de cette maison, qui n'a pas de semblable jusqu'alors à Paris pour son nombreux personnel, son outillage, son agencement, l'emploi de la vapeur comme force motrice et les vastes proportions de ses ateliers, en 1867.

Son travail exposé se ressent du but pour lequel il a été fait, car le courant du travail livré au commerce n'atteint pas toujours le bien fait de son exposition.

COOPÉRATEURS DE LA MAISON ENGEL ET FILS

Mise en train, ENGEL et GRUGER;
Endossure, FAURE (les volumes ont tous été frottés, les reliés);
Rognure, FAURE et COZIE;
Doreur sur tranches, Armand POUILLET;
Couvrure, Jean SICHLER;

Parure, KIESEWETTER, BUHNER;
Dorure sur cuirs, Jules GARNON;
Finissure, SICHLER;
Dorure sur cuirs, maroquin plein, FROMENT;
Dorure au balancier, E. DE LA COURCELLE.

—

GRUEL - ENGELMANN (rue Boissy-d'Anglas).
Reliures de luxe et d'amateur. (Livres d'heures.)

Cette exposition est, sans contredit, une des plus jolies, surtout si on l'envisage au point de vue de la richesse de l'ornementation.

Le bois et l'ivoire sculptés; le métal or, argent et acier; les peintures, les miniatures forment, avec la dorure à la main ou à la plaque en or ou à froid, une grande et luxueuse variété d'ornements, devant laquelle l'artiste s'extasie, le public s'ébahit et le jury se trouve ébloui!...

Mais pourquoi cette maison réexpose-t-elle en grande partie des reliures déjà exposées et récompensées précédemment?... Est-il juste de faire primer plusieurs fois les mêmes produits? Nous ne le pensons pas. Et puis, si l'Exposition est un concours dans lequel les industriels doivent rivaliser d'efforts, peut-on admettre que certains d'entre eux apportent et accumulent dans ce concours tout le bagage de leurs expositions antérieures? Dans ces conditions, la lutte devient impossible pour les nouveaux venus; jamais ils ne pourront fournir un aussi grand nombre de riches produits; or, la variété ne peut s'obtenir qu'avec la quantité; et d'ailleurs, comme on le sait trop, la masse produit toujours le meilleur effet par le temps qui court; la victoire appartient aux plus gros bataillons!

3.

L'Exposition ayant aussi pour but de démontrer le progrès obtenu, le degré de perfection réalisé, il faut que les objets exposés soient, pour ainsi dire, fabriqués au moment même ; car, s'il en était autrement, certaines maisons pourraient encore, après être tombées en décadence, obtenir des récompenses avec de vieux produits.

Que les anciennes maisons, pour prouver qu'elles soutiennent ou même qu'elles élèvent leur degré de perfection, apportent, si elles le veulent, les produits qui leur ont déjà valu des récompenses, mais alors qu'elles les mettent à part dans leur vitrine, et qu'elles disent : « Voilà les produits de telle époque, pour lesquels nous avons été récompensés, et voici ceux d'aujourd'hui. »

Parmi les riches reliures de cette exposition se montre en première ligne la *Vie de Jules César*. Les cartes et gravures sont montées du mauvais côté, c'est-à-dire sur le recto ; les ficelles font bosse sur le plat, le travail de ce volume méritait bien pourtant que l'on entaillât le carton (si l'on voulait pour la solidité leur conserver leur force), pour les loger ; les bords et les chasses sont trop grands ; la tranche marbrée dorée est bien réussie, la marbrure se voit parfaitement ; la couvrure est bien faite.

Le dessin qui orne ce volume est d'un genre nouveau (voir la planche) qui, s'il se propage, étant bien compris, pourrait faire époque. M. Gruel l'appelle *néo-grec* ; ce mot dit à quelle ornementation nous avons à faire.

Grande mosaïque rouge, La Vallière clair, vert clair, noir ; camée au milieu du plat ; le dessin qui entoure le camée est rouge mosaïqué noir, le carré du milieu est rouge avec les dessins, aux angles, noirs ; le dessin qui est au milieu sur le carré est

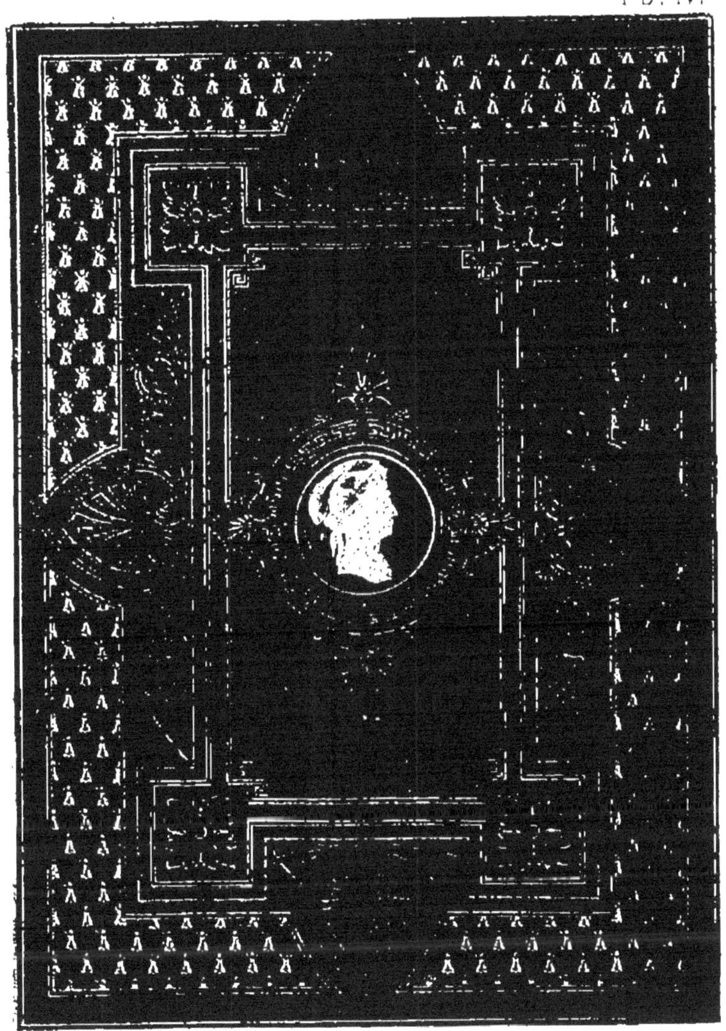

PHOTOGRAVURE DUJARDIN

PL. IV BIS

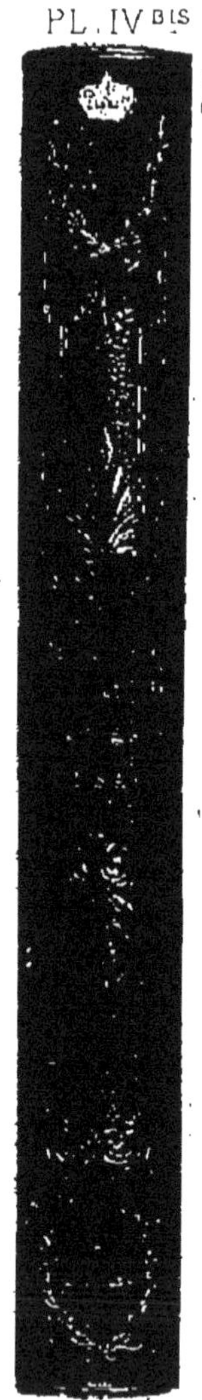

EUDES IMP.

La Vallière clair, bordé de filets à froid, les bandes de côté quadrillé et semées d'abeilles en or, inter-rompues au centre de la verticale et de l'horizontale sont mosaïquées vert clair ; le dos est sans nerfs et le dessin est bien en rapport avec celui du plat, comme style et comme mosaïque. La sobriété, le bon agen-cement des couleurs et l'air sévère qui en résulte, sont en parfaite harmonie avec le livre lui-même ; l'exécution comme dorure est parfaite. (Dessiné par M. Engelmann-Gruel, exécuté par Joly.)

Biblia-Sacra (de Plantin, Anvers). La gouttière n'est pas juste ; il y a plus de chasses d'un côté que de l'autre, défaut qui provient de l'apprêture à la couvrure, mais qu'aurait bien pu corriger le cou-vreur ; les ficelles sont encore trop saillantes sur les bords. Belle dorure sur tranche ancienne, bien réussie. Ce volume est couvert en maroquin vert clair, dessins entrelacés *Groslier* (se rapprochant de Maioli), mosaïqué La Vallière clair ; la mosaïque forme le dessin et est bordé par des filets fins à froid, les vides sont remplis par des fleurs Groslier ou Alde en or, exécution parfaite, or très brillant, bien nourri, mosaïque bien correcte. (Exécuté par Godefroy l'aîné.)

Statuts de l'ordre du Saint-Esprit ; les cartons sont trop forts, la dorure sur tranche est bien réussie, mérite incontestable, car ce volume étant en velin, la nature de cette peau recèle toujours un corps gras tant peu soit-il, qui gêne toujours pour que l'on arrive à une bonne exécution, principalement comme brillant ; malgré cela, le travail est complétement réussi.

Les gardes en soie rouge sont d'un seul morceau et appliquées sans être rembordées, absolument com-me des gardes ordinaires en papier. C'est ainsi que l'on posait les gardes en soie dans les premiers temps de la reliure et jusqu'au commencement de ce siècle.

Ce volume est couvert en maroquin jaune citron : comme idée, ce travail a cela de particulier que, à l'inverse de ce qui se fait ordinairement, la mosaïque de plusieurs couleurs forme le fond du dessin, et que tous les entrelacés apparaissent orange, couleur de la couverture du volume; la dorure du seizième siècle est jolie, bien exécutée; le seul reproche que l'on pourrait lui faire serait d'être un peu criarde par sa mosaïque.

La légende dorée, in-4°, exposée déjà à Londres en 1862. — La Vallière foncé, maroquin du Levant, avec mosaïque La Vallière clair, bordé de filets fins à froid. Entourage de filets croisant aux angles; le chiffre du Christ aux angles, le chiffre de Marie au milieu de la verticale, et, entre ces chiffres, une arme antique représentant deux branches de laurier traversées au centre par une épée couronnée; ce travail a déjà mérité des éloges, et l'or est encore très brillant malgré six années d'exécution.

Un livre d'heures, garniture émail, formant croix byzantine, traversant dans toute sa longueur et largeur le plat, le bordant même; médaillon émail au centre, dans les quatre vides un remplissage, tortillons Le Gascon aux mille points. D'après la déclaration du représentant de la maison, ce travail a été fait au point isolé, c'est-à-dire que, le dessin étant tracé, et puis le plat couché, le doreur l'a exécuté en superposant les points les uns après les autres; ce travail est tellement correct que son procédé d'exécution a été contesté. Nous en laissons la responsabilité à M. Gruel fils.

La Légende de sainte Ursule, planches chromo,

margées irrégulièrement, quelques-unes surtout sont pas trop mal; les cartons sont trop forts.

Citons comme bien fait le montage sur onglets des livres d'heures édités par la maison.

L'*endossure* généralement n'est pas mal faite, quoique le genre de rondeur des dos nous semble un peu trop plat; les mors ont toujours la tendance à être extérieurement saillants, ainsi que les ficelles, les cartons sont le plus souvent trop forts; enfin, c'est le genre un peu lourd conservé du milieu de ce siècle. A part ceci, qui n'est pas un défaut pour tout le monde, le travail est correctement fait; la *dorure sur tranches* est aussi bien soignée.

Beaucoup de *tranchefiles* sont à rubans rouge, jaune et vert; ces couleurs forment de belles tranchefiles à points suivis, mais à rubans elles ne font pas très bon effet; pour certaines reliures antiques, elles peuvent passer, mais il ne faut pas en abuser. Les tranchefiles sont souvent relevées trop droites, les nerfs sont trop gros et pour le plus grand nombre le rempli de la peau aux coiffes n'est pas dissimulé et forme bosse; est-ce peut-être aussi parce que la peau n'a pas été assez parée.

La dorure à la main est bien soignée, gentiment exécutée; le genre mosaïque, bordé de filets fins à froid, est véritablement une difficulté, car, dans ce cas, il ne faut pas espérer dissimuler sous les filets les petites irrégularités qui peuvent se produire dans le découpage de la mosaïque et que l'on peut quelquefois cacher lorsque les filets sont en or; il faut donc que ce soit on ne peut plus correctement fait. Toutes les dorures de ce genre, exposées par cette maison, sont parfaitement réussies.

Citons encore plusieurs *Livres d'heures*, dessins

entrelacés, filets courbes de plusieurs époques, quelques-uns genre incunable ou monastique bien compris et surtout bien purs de genre, soit comme plaques, soit comme remplissage à la main, principalement un doré par Joly. Que l'on ne s'étonne pas quand nous disons comme plaque pour ce genre; il existait des plaques au quinzième siècle; Thouvenin n'est pas l'inventeur des gaufrures avec plaques, il n'en a été que le rénovateur.

Un volume genre *Garat* (pastorale), fin du dixhuitième siècle, très gentil comme dessin et comme exécution, des velins écussons or, etc.

Puis enfin, à la suite, viennent les somptueuses fantaisies qui font la réputation de cette maison : *Manuscrit de Catherine de Médicis*, avec bijouterie, émaux, etc. L'étiquette nous dit qu'il est rare et qu'il coûte 12,000 francs! 12,000 francs!... C'est sans doute ce prix qui pourra le faire rechercher.

Un Livre de chasse, plats en bois sculptés et blason peint, biseau rouge et bandes noires, orné de quatre médaillons représentant des têtes de sanglier aux angles; très riche.

Un choix de *Paroissiens* en velours avec plaques et appliques en ivoire, émail pierres précieuses et bois; quelques veaux gris avec peintures, blasons et reproduction de tableau moyen âge, et un paroissien seizième siècle, genre François Ier, digne d'être cité, terminent cette exhibition éblouissante, mais rien qu'éblouissante; car, pour ces derniers, ce n'est pas de la reliure, ce serait plutôt à classer dans l'orfévrerie.

Les ouvriers doreurs de la maison n'ont que le mérite de l'exécution, mérite incontestable, il est vrai. M. Engelmann-Gruel se réserve seul le choix des dessins, et l'on peut l'en féliciter, tant il y a ap-

porté de goût, de connaissance et de conscience.
Personne aussi n'a comme lui, sous la main, tant
d'artistes spéciaux pour le seconder dans ses œu-
vres ; mais nous répéterons ce que l'on a dit tant de
fois déjà : « *Pour une partie* de son exposition, ce
sont moins des reliures que de charmants bibelots. »
Corps d'ouvrage : DOMANGE, CUZAT.
Couvreur : BELL.
Tranchefileuse :
Doreurs sur cuirs : JOLY, GODEFROY (aîné).

—

BRUYÈRE (Lyon).

La modeste place qu'occupe, parmi celles de ses
confrères, la vitrine de M. Bruyère, est tout aussi
bien remplie que la plupart d'entre elles. Ici, point
de prétentions, point d'étalage ; la simplicité de
l'homme se reflète dans son exposition ; l'on pourrait
même lui faire le reproche de ne pas en avoir
assez fait et d'avoir un peu trop compté sur la compétence du jury et sur l'appréciation du public.
Mais en cela M. Bruyère s'est trompé et, malheureusement, pour beaucoup il n'a pas exposé.

Pourtant, aux qualités acquises par une longue
pratique et une parfaite connaissance de toutes les
parties de son art, à la conservation des bonnes ma-
nières traditionnelles pour faire bien solidement et
dans les règles, et surtout à la sûreté de l'exécution, *ce vrai relieur et doreur* joint encore au plus
haut degré l'amour de son art.

Malheureusement, il ne nous reste plus guère de
ces vaillants ouvriers, qui, toujours sur la brèche,
ne se laissent pas entraîner par le courant de la

spéculation et se contentent du tout petit rayon de ce soleil qu'on appelle la fortune, qui brille si peu pour les modestes de ce monde.

Aussi, est-ce avec une véritable satisfaction que nous touchons et regardons ces vraies, ces bonnes reliures. Là, rien de fastueux, rien d'inutile, rien de mis ici pour cacher ou faire valoir cela, c'est simple, c'est classique enfin ; et, au premier coup d'œil, on voit que celui qui a fait ces reliures travaille tout seul : il peut s'appeler *relieur-doreur*; il sait son métier. En cette époque de spécialités, c'est quelque chose de méritant.

Parcourez toutes les expositions de la France, vous ne trouverez pas un seul des exposants qui puisse vous dire, sans mentir, j'expose mes produits rien que mes produits, c'est-à-dire le travail de mes mains et de mon intelligence. Tous exposent le travail de leurs doreurs, leurs corps d'ouvrages, leurs rogneurs, leurs couvreurs, enfin du personnel qu'ils occupent, ce qui, pour la plupart, ne les empêche pas de se prévaloir d'une direction qui, si elle était scrupuleusement suivie, ne produirait souvent que des travaux bien inférieurs à ceux exposés.

Si nos lecteurs veulent bien remarquer les quelques citations que nous avons faites et que nous ferons, ils s'apercevront que, où il n'y a que l'initiative du patron ou du directeur, les travaux n'atteignent pas la perfection. C'est le cas de répéter le proverbe : « Deux idées valent mieux qu'une, » à moins que de connaître à fond le travail en théorie et en pratique.

M. Bruyère est tout à la fois : *relieur, doreur sur tranche et sur cuirs*. Ces conditions sont, il est vrai, presque indispensables pour tout relieur établi en province. Aussi en trouve-t-on un bien petit nombre qui arrivent à la perfection, et cela se comprend d'ailleurs; le travail de la reliure alourdit la main et rend plus difficiles les exécutions de la dorure. Puis, obligé de faire tout le travail, on a moins de pratique de chacune des parties du métier, et alors il est très difficile d'arriver à la perfection.

De plus, les amateurs sont rares en province et les quelques-uns qui s'y trouvent ont la marotte de faire relier à Paris, au lieu d'encourager par leur clientèle leur compatriote, relieur consciencieux. Nul n'est prophète dans son pays, dit un vieil adage; on achète du cirage anglais par son étiquette en France, et du cirage français en Angleterre.

Pourquoi le jury est-il resté muet sur cette exposition et n'en a-t-il pas apprécié le mérite? Pourquoi? Parce qu'il ne savait pas comment se fait un livre, parce qu'il ne pouvait comprendre la difficulté qu'il y a de pouvoir et de savoir tout faire, parce qu'enfin il n'avait pas le degré de compétence voulu.

Il est incontestable que si *MM. Bauzonnet, Trautz, Capé, Duru*, et même le moins capable de nos relieurs avaient été appelés à être juges en cette Exposition, la répartition eût été différente, et M. Bruyère aurait entre les mains un souvenir de son intelligence et de ses capacités, et en lui eussent été récompensés à la fois le directeur et les coopérateurs.

Merci, encore une fois à M. Bruyère, de nous avoir montré qu'en ce temps de spécialités il existe encore des ouvriers qui peuvent mettre réellement à la suite de leur nom : *relieur-doreur*.

M. Bruyère a soixante-douze ans, et il n'a jamais occupé personne, aussi, si nous comparons ses reliures à ce qui se fait maintenant, pourrons-nous lui reprocher ses dos un peu plats et ses mors un peu saillants, mais ce ne peut dans ce cas être un reproche, car c'est une façon de faire qu'il a conservée de son jeune temps. S'il avait pris fantaisie à MM. Bauzonnet et Duru d'exposer les reliures faites par eux il y a dix ans, il nous aurait fallu, pour nous conformer au progrès obtenu par les derniers bons faiseurs, leur faire le même reproche.

La dorure sur tranche, si elle n'atteint pas la complète perfection de nos spécialistes parisiens, est excellente, ses gouttières sont brunies, creuses, elles laissent peu de chose à désirer; le finissage est bon.

L'observation des genres en dorure n'existe pas dans leur pureté absolue; mais là, M. Bruyère a dû se heurter à l'absence d'un outillage complet qu'il serait trop onéreux d'avoir en province; l'exécution a l'aplomb voulu; l'or est brillant (1).

Terminons en remerciant M. Gruel fils et M. Engelmann de s'être mis d'une façon aussi complète à notre disposition pour nous permettre de toucher et de voir les consciencieux travaux de cet exposant, et espérons que l'échec qu'il a subi vis-à-vis de ces jurés officiels ne découragera pas ses collègues de province.

Qu'ils cherchent à l'imiter, à le surpasser même si, dans leur condition, cela est possible.

---

(1) M. Bruyère a obtenu une médaille de 1re classe en 1855. (MM. Bauzonnet et Capé, experts, adjoints au jury pour la reliure.)

Alfred MAME et Cᵉ (Tours), reliures riches d'amateurs et de commerce, paroissiens riches et ordinaires.

Devant la vitrine de M. Mame, nous nous arrêtons indécis tout d'abord et comme frappés d'étonnement à la vue de cette masse de riches volumes aux dorures superbes et aux dessins si variés; nous approchons, et la belle apparence de la dorure, les jolis assortiments de mosaïque confirment notre étonnement.

Comment M. Mame, loin de Paris, loin des artistes de renom, loin des doreurs habiles, a-t-il pu faire produire une exposition aussi variée en riches exécutions?...

Tout d'abord on se refuse à le croire, malgré sa prétention à faire exécuter complétement chez lui tous ces travaux. M. Mame a dû faire dorer au moins quelques volumes chez un habile doreur de Paris, dont on ne voit nulle part figurer la signature dans l'exposition. Cela se dit, cela se répète, et, à force de le répéter et de le dire, on finit par le croire.

En présence de ces affirmations, notre devoir est de nous renseigner : nous cherchons, nous examinons, nous demandons, nous nous mettons en quête de renseignements et nous arrivons à cette conclusion : que rien de l'exposition de M. Mame n'a dû être fait hors de chez lui.

Mais ne vous étonnez pas; ne croyez pas que tout ce travail a été fait en une ou deux années. Non, il y a là deux expositions réunies; il y a là, dans cette vitrine, le travail de dix années!

Nos relieurs de Paris se figurent qu'il suffit pour

exposer de se mettre à l'œuvre six mois, quelquefois trois mois à l'avance; ce n'est pas ainsi que procède la maison Mame. Depuis qu'elle a prétendu à l'honneur d'être récompensée pour produits de luxe, elle entretient continuellement un ouvrier ou plutôt un artiste doreur à faire de riches travaux pour l'Exposition... à venir, quelle qu'en soit du reste la date ou le lieu. Cet artiste, suffisamment rémunéré, travaille à l'aise, au jour la journée, n'est pressé ni par l'envie de produire plus afin de gagner plus, ni par le besoin de satisfaire les clients, comme nos doreurs à façon de Paris, ni par un patron dont la besogne courante doit être faite en même temps que les travaux extraordinaires.

Un habile dessinateur, attaché à la maison, fournit de nombreux dessins artistement variés pour la dorure en même temps que pour la typographie, et un atelier de gravure exécute immédiatement tous les fers désirables. Ajoutez qu'à l'approche d'une Exposition, un second doreur est-il nécessaire, vite on l'engage, comme cela s'est fait cette fois, et vous comprendrez qu'il n'y a pas de miracle dans l'exposition de M. Mame, surtout si vous songez qu'une assez grande partie des volumes exposés ont déjà figuré à Londres, en 1862.

Et cette affirmation n'est pas gratuite de notre part, car, après nous être préalablement assuré du fait, l'un de nous, qui a eu l'honneur de rencontrer M. Mame (lui-même) à sa vitrine, en a obtenu l'aveu très volontiers.

M. Mame trouve cela très naturel; nous ne sommes pas de son avis, et nous le renvoyons aux observations que nous avons faites déjà sur ce point à propos des maisons Lenègre, Engel, Gruel-Engelmann.

De plus, il nous a été assuré que tous ces travaux, faits pour la satisfaction personnelle de la maison, n'étaient pas destinés à être livrés au commerce, et même qu'elle ne pouvait pas s'engager à en faire des reproductions (1).

Ce tour de force de libraire-amateur nous mettra plus à l'aise pour faire la critique de ses travaux et faire remarquer leurs défauts, tout en rendant justice, bien entendu, à leurs qualités.

Le grand ouvrage *La Bible illustrée* par G. Doré, édité en deux volumes par cette maison, offrait toutes les conditions nécessaires à l'exécution de dorures à mosaïque et à grands dessins; aussi en a-t-elle largement profité.

Bible maroquin rouge, mosaïqué large bordure sur mosaïque violette, plaque; tranche or et blanc; cousu sur nerfs. Nous avons remarqué avec plaisir la dentelle à la main des plats intérieurs; elle est très bien faite.

Bible imprimée sur velin, maroquin La Vallière clair, dessin, grecque courante, rattachant des croix de Malte, mosaïqué magenta, entourage mosaïqué magenta et vert, contre-plat en velin blanc semée doré; ces deux travaux sont parfaits comme dessin et comme exécution; la mosaïque est bien posée, le velin intérieur est doré bien proprement, ce qui ne manque pas de mérite. L'endossure est fatiguée par le poids du volume, il est impossible de la juger, les chasses sont véritablement trop petites pour un volume de cette grandeur et de cette force.

Bible maroquin rouge, grain écrasé, *dessin de*

---

(1) Dit par M. Blandin, représentant de la maison Mame, à la Délégation ouvrière de 1867.

Giacomelli, rappelant assez harmonieusement les ornements du texte, dessinés par le même; large composition, mosaïqué corinthe, magenta, blanc et vert d'un effet tout nouveau et d'un genre qui n'a pas encore de nom, mais que l'on pourrait appeler *néo-égyptien* tout aussi bien que M. Gruel-Engelmann désigne par néo-grec celui qui orne la *Vie de Jules César*. Intérieur reproduisant le plat d'une autre Bible magenta du même style, sans mosaïque. Cet intérieur est composé de deux appliques de peau; ce travail d'applique n'a pas été parfaitement réussi, l'ouvrier n'a pas su préparer d'équerre sa peau et il lui a été nécessaire de refouler le grain sur lui-même, ce que l'on pourra remarquer sur la planche photogravure par la veine blanche qui est sur le côté droit de la bande : il existe presque une bosse à cet endroit, et le mirage de la lumière a donné la preuve de cette imperfection. De plus, l'écartement des filets dans la partie supérieure n'est pas sans reproche. (Voir la planche.)

Ces deux exécutions sont bonnes et elles ne méritent pas le reproche que l'on peut appliquer à toutes les dorures de cette maison, de manquer de matière, c'est-à-dire d'être mal nourries d'or; l'ornementation du dos manque son effet; l'écartement des filets mosaïqués est trop étroit comparé aux larges filets des plats; ce reproche, du reste, s'applique à plusieurs autres volumes (1).

----

(1) Ainsi que pour les dessins de MM. Boucheron et Gruel-Engelmann, que nous considérions comme un genre nouveau appliqué à l'ornementation du livre, c'est-à-dire sortant un peu du sentier battu des reproductions Maioli, Groslier, etc., nous avons demandé à MM. Mame si, comme ces messieurs, il voulait joindre les dessins de sa *Bible* à notre description, afin de la compléter et de

PHOTOGRAVURE DUJARDIN

PL. V BIS
LODES IMP.

Lettres de Henri IV, mosaïque criarde, dessin de Giacomelli, peu réussi comme dessin et comme exécution. Des cassures sans nombre dans les fi-

---

faire mieux connaître cette innovation, et s'il désirait y joindre aussi celui des *Résidences de France*, avec chiffre entrelacé de la maison sur le plat. Voici la réponse qu'il nous a faite :

A Monsieur Wynanis, délégué de la dorure sur cuirs.

Tours, 28 juillet 1868.

Monsieur,

Nous regrettons de ne pouvoir répondre à votre désir, mais nous n'avons plus l'exemplaire de la *Bible* sur laquelle était la reliure que vous avez remarquée. Il eût fallu que la photographie fût faite d'après le plat même du livre, car, avec le dessin sur papier, qui est souillé et en mauvais état, on n'aurait qu'une reproduction imparfaite et qui ne vaudrait pas les frais que doit nécessiter naturellement la gravure.

Nous ne vous en remercions pas moins de l'intérêt que vous semblez porter à notre exposition.

Recevez nos salutations empressées,

A. MAME ET FILS.

Quoique nous considérions cette lettre comme un refus poli, tout en regrettant l'incident, car la reproduction du dessin sur papier n'aurait pas été la reproduction de l'exécution, nous étions décidés à nous en tenir là lorsque le hasard nous remit en rapport avec le représentant de la maison, qui nous dit que M. Mame n'avait pas bien compris ce que nous lui demandions et son importance ; que M. Mame venant à Paris dans la semaine, il lui en parlerait ; que, pour lui, il était très désireux de la chose et qu'il pouvait nous assurer qu'il en serait de même de M. Mame ; qu'il nous écrirait à cet effet. Effectivement, les volumes étaient en la possession de M. Fontaine, libraire, qui se fit un plaisir de les envoyer chez le photographe, du consentement de la maison Mame, qui fit, sans autres pourparlers, les frais de cette reproduction.

lets; sur le dos, des encadrements d'un simple filet fin en or, ce qui ne se doit pas faire, surtout lorsque l'on remplit l'encadrement.

Résidences impériales de France, imprimé sur vélin, exemplaire unique, maroquin rouge, grain écrasé, mosaïque magenta et vert myrte; dessin formant entourage grec, ovale avec grecque au milieu dans lequel un chiffre A M entrelacés, ce chiffre est celui de la maison. Le dessin est de bon goût, l'écartement des filets est très proportionné, l'exécution est irréprochable. Quoique peu nourri comme or, le chiffre est poussé à la presse à fleur de peau, c'est une difficulté.

L'endossure est mal faite, les chasses sont trop petites. Quoique cousu sur nerfs, nous recommandons de ne pas trop l'ouvrir, car la couture n'est pas assez serrée et le dos se casserait.

Un Missel rouge, maroquin poli, large dentelle, Du Seuil (dix-septième siècle); bien d'aplomb, mais manquant d'or.

Un autre Missel La Vallière, large entourage plein vert clair, croix entrelacée deux filets, rattachée aux angles par une guirlande branche de vigne, épis et raisins faits aux filets droits et courbes; très joli comme idée et comme exécution.

Un Livre de mariage, maroquin, grains longs gris souris, entrelacé rectangulaire courant, mosaïqué rouge antique et magenta. Ce travail, par la simplicité du dessin et le bon assemblage de ses couleurs, serait parfait, si l'exécution ne péchait par un coup de fer trop marqué à tous les onglets des filets (ici, on ne pouvait pas cacher la lourdeur du coup de fer par l'écrasement du grain, il fallait le laisser tel quel) et par le débordement de la mosaïque.

Nous remarquons encore une innovation dans les dessins employés à l'ornementation des plats de volume, ou tout au moins un genre peu répandu, puisque nous ne l'avons rencontré que dans une seule autre maison exposante (Voir M. Genesta, en Espagne, Madrid). Généralement le dessin du plat de dorure d'un volume est une reproduction par quart; ici, ce n'est qu'une double répétition. Supposez un grand fleuron Renaissance, à deux pointes, coupé par le milieu et agrandi pour couvrir le plat et le centre, s'étalant au bas du plat et la pointe vers le haut, de la partie du milieu s'échappent deux volutes pour remplir les coins supérieurs du plat qui, sans cela, resterait vide.

Ensuite une grande variété de dessins égyptiens, hébraïques, etc., dont la nomenclature serait trop longue; aussi nous arrêterons-nous là pour les détails et passerons-nous de suite aux critiques générales pour chaque partie du travail.

Nous trouvons des volumes où les gravures sont mal margées, la couture n'est pas soignée, il y a des cahiers qui serpentent à l'intérieur; cela provient de ce que la couture est mal rabaissée en cousant, la passure en colle est également négligée, les dos sont mous, souvent irréguliers et surtout pas solides, principalement pour les grands formats: il semblerait que l'on a visé bien plus à l'effet qu'au bien fait; toute la rognure pèche par des chasses mal proportionnées aux formats. Aux volumes de petits formats, le corps d'ouvrage est relativement mieux exécuté. Enfin, nous sommes certains que si, pour la dorure, la maison a des ouvriers spéciaux pour le travail soigné, il n'en est pas de même pour la reliure, qui est faite par les premiers venus.

4

Pour les tranches dorées ou de couleurs, tous les soins n'ont pas été apportés à leur exécution ; ainsi, à une tranche bleue, nous avons remarqué à la surface des traces du corps gras que l'on met sur la tranche pour pouvoir la brunir ; aux tranches marbrées, dorées, la marbrure se voit peu, elles ont aussi été mal grattées.

Un Missel avec tranche semée de croix de Malte ; la croix est trop petite pour un volume de ce format. Avant d'envoyer les paroissiens à Paris pour les exposer, on les a rebrunis de sorte qu'à quelques uns l'or est fatigué. De parfaitement réussi, nous ne voyons que la Bible de G. Doré, imprimée sur papier de Chine. Et une autre, tranche ciselée, qui pourrait être placée à côté de celles de M. Mutel.

Plusieurs Paroissiens, dessin entrelacé de filets ciselés sur les tranches qui ne manquent pas d'effet.

Les tranchefiles, presque toutes à rubans, sont très jolies comme couleur et comme assortiment de nuances, malheureusement la plupart ne s'harmonisent pas avec la couleur de la peau qui couvre le volume. Elles ont dû être exécutées sans que la tranchefileuse ait été prévenue des couleurs de la couverture et des ornement mosaïqués.

Elles sont faites généralement sur trois ficelles encollées ; au lieu de tranchefiles de papier roulé, deux ficelles forment le chapiteau et une troisième, bien plus petite, placée au pied, remplace le point. Les tranchefiles sur ficelles sont certainement bien préférables aux autres pour les volumes cousus sur nerfs, dont l'ouverture doit être flexible, mais il n'est jamais possible de faire le point aussi régulier que sur celles de papier ou de peau. C'est du reste le défaut de celles-ci. Nous remarquons aussi qu'elles ne sont pas toujours de la même hauteur que les chasses, beaucoup sont plus basses, quelques-unes plus hautes.

Les couvertures sont parées trop minces dans le dos, les mors et les coiffes pour tous les volumes riches; cela rend les coiffes minces et maigres, fait paraître davantage les inégalités du dos, fait tomber les cartons à l'abandon lorsque l'on ouvre les volumes, en même temps que cela supprime la solidité que le maroquin doit apporter à la reliure, surtout lorsqu'il est collé sur le dos. 'Ces défauts n'existent pas dans les reliures ordinaires; les pareurs ont cru bien faire, ils se sont tout simplement trompés.

Les doublures (contre-gardes en peau) ne sont pas parées en plein et de façon à perdre la parure comme cela doit se faire; elles ne sont parées que sur le bord et forment biseau; ce n'est pas beau.

Nous remarquons toute *une collection de volumes in-8° reliures de bibliothèques* maroquin poli, avec quatre nerfs: à ce genre de reliures, et, à part l'usage, nous croyons que pour maroquin poli cinq nerfs font mieux que quatre. Les nerfs sont irrégulièrement proportionnés à la grosseur du volume, les uns sont bien, beaucoup sont trop faibles.

Les cartons sont limés en arrondissant sur les bords; ce qui est bon pour les volumes gros et grands, auxquels on est obligé de mettre de forts cartons, cela dissimule leur épaisseur et permet de réunir l'élégance à la solidité, mais ce ne l'est pas pour ceux de moyens et petits formats auxquels ça oblige à mettre de plus forts cartons ce qui allourdit et rend pesant.

Le polissage des maroquins est bien soigné; l'exécution de la dorure à la main est bonne pourtant, à quelques volumes le coup de fer est lourd, on pourrait presque accuser, en faisant un choix, les volumes dorés par la même main.

Tous ces volumes ont-ils été couchés à l'or simple? On le croirait presque, l'or est bien brillant, mais pour des travaux de cette importance, un peu plus de matière d'or ne nuirait pas : les mosaïques sont bien posées, nous n'en avons vu qu'une qui méritait des reproches.

Les titres sont généralement mal compris (nous ne disons pas mal poussés) comme disposition et comme cachet. Exemple : *J. Bourrassé. Résidences royales et impériales de France*, ainsi : *J. Bourrassé* est en *petit in-32*; *Résidence, in-8° grand papier*; *royales et impériales, in-18*; *de France, in-12*. Cela est lourd et maigre tout à la fois. *J. Bourrassé* pouvait être mis en *in-12 espacé fort*, pour l'école qui ne veut pas que le nom d'auteur domine; *Résidences, in-8° ordinaire*, afin que ce mot domine; *royales et impériales, in-18*; et *de France, in-12*, sans être espacé. Mais il eût été préférable que le nom de l'auteur fût in-8°, et Résidences, in-12 grand papier, et le corps du titre comme ci-dessus.

Sur les paroissiens petit in-18, on n'a pas hésité, et cela sur des maroquins polis; gardes-soie, reliures riches, à mettre le mot paroissien grand in-8°, et romain, petit in-18. Pourquoi ne pas mettre le mot paroissien in-12 espacé, et romain petit in-18 espacé? Le titre serait moins lourd et gagnerait en grâce. Mais, en cela, les doreurs suivent la façon de faire typographique, qui n'est pas toujours bonne à appliquer sur le dos de volume.

Signalons un perfectionnement dans le travail courant; les bordures intérieures, faites à la roulette, ont le désagrément de se doubler aux angles;

à moins que l'ouvrier n'ait le soin d'effacer son or en angle, avant de pousser l'autre partie à dorer, ce qui prend toujours un peu de temps, ou de faire coucher les montants, l'or coupé en sifflet, les couper, les effacer, puis procéder de la même manière pour les travers, ce moyen est encore plus long. M. Barbot, contre-maître de cet atelier, nous a-t-on dit, a eu l'heureuse idée de faire graver un fer ayant la même largeur que la roulette et du même genre de dessin. Ce fer est poussé dans tous les angles et la roulette vient s'appuyer contre. Nous avons constaté que le résultat est complet, pas moins long que le premier moyen décrit, mais bien meilleur.

Les écussons sont bien tirés à fleur de peau.

Les ivoires sont beaux; les dos sont montés de façon à laisser un intervalle entre les mors du volume et les deux parties d'ivoire le garnissant, ce qui permet au volume de s'ouvrir facilement; mais, en recherchant cet avantage, on a compromis en partie sa solidité.

La maison Mame possède dans sa vitrine une grande variété de dessins classiques (toujours au point de vue de l'ornementation du livre) et de fantaisie. Pourquoi cette maison, qui a tout sous la main pour faire une publication semblable sans qu'il lui en coûte beaucoup, ne publierait-elle pas un album spécial qui pourrait être utile à l'art de la dorure? Elle ferait en cela une œuvre sérieuse, et l'industrie privée aurait la première le bénéfice d'une innovation que devraient faire nos établissements *nationaux*, qui oublient trop qu'ils sont créés en vue de faire de l'art et non du commerce. Espérons que ce vœu trouvera de l'écho dans l'esprit des propriétaires et directeurs de la maison Mame; sa position de grand établissement l'y engage.

4.

Pour compléter nos observations sur les dessins de dorure, il nous reste à dire que ce qui différencie les volumes faits particulièrement pour cette Exposition de ceux déjà exposés à Londres, en 1862, dont nous avons constaté la présence en grande quantité, c'est que cette fois la maison est sortie du genre classique pour aborder des genres de dessins nouveaux. Cela est dû à la présence d'un artiste dessinateur, M. Giacomelli, parmi le personnel de la maison.

En résumé, le grand espace réservé à M. Mame contenait une série d'ouvrages très brillants, d'un aspect très riche, bien faits pour attirer la foule; mais, à part ces travaux exceptionnels, nous sommes resté convaincu que, pour le reste des reliures exposées, la maison Mame n'a pas égalé la perfection des maisons de Paris travaillant aux mêmes conditions de spécialité.

Il en est de même pour les cartonnages toile, qui n'ont pas l'aplomb, le coup d'œil, le cachet enfin de la fabrication parisienne.

Cela nous étonne d'autant plus que nul plus que cette maison n'occupe de spécialistes aussi spécialistes que les ouvriers qu'elle emploie; et que depuis nombre d'années elle livre au commerce et a presque le monopole des livres de distribution de prix reliés ou plutôt cartonnés à la Bradel et emboîtage à l'anglaise. Ce qui fait le principal cachet de ces derniers, la dorure au balancier laisse beaucoup à désirer.

Collaborateurs connus de la maison par les renseignements pris en dehors de la maison :

Corps d'ouvrage.   P. HUBERT, endosseur.

    —   LAPEYROUSE, rogneur.

	BERTRAND, rogneur.
Doreur sur tranches,	LEROUX.
	LINACIER, ciseleur.
Pareur,	HONORÉ PAUL.
Couvreur,	GOUPIL.
Doreur sur cuirs,	P. PASQUET.
	EH. GOGO (dit DUBOIS).
Colleur de gardes,	BAILLY.
Pour les ivoires,	FOURNIER, r. du Temple.
Dessinateur,	GIACOMMELLI.
Contre-maître de la reliure,	BARBOT.

—

IMPRIMERIE IMPÉRIALE. Paris, rue Vieille-du-Temple (Atelier de reliure).

Le Palais de Compiègne, maroquin rouge, plaque, le dos est trop plat, les bords et chasses trop larges et d'inégales grandeurs, les cartons trop minces, les coins intérieurs coupés francs à angle droit : les coiffes parées trop minces ; tranchefiles à rubans, assez bien ; les charnières forment de larges taches sur les gardes blanches intérieures, défaut presque inévitable, la peau conservant toujours une certaine graisse et un acide qui à la longue traversent le papier. Pour obvier à cet inconvénient, il suffit de couper à un ou deux centimètres de l'intérieur du mors la garde qui a reçu la charnière, et lorsque la garde est montée sur la charnière, la coller à l'entour du bord ; la tache, dans ce cas, n'existe pas ou très peu, la charnière de peau se trouvant enfermée entre la garde, et la contre-garde n'y adhérant pas, il faudrait une peau bien grasse pour tacher en dessous, mais aussi à la mise en train du travail, c'est-à-dire avant la couture, il est nécessaire de mettre deux doubles gardes de papier blanc, car si elles étaient simplement doubles, il ne resterait aucune feuille blanche, et de cette façon il en reste encore deux.

Il existe un moyen moins dispendieux, c'est celui de prendre la précaution de ne laisser sur la garde, en dehors du mors, que deux millimètres au plus de peau coupée franche de la charnière, alors l'on n'aperçoit qu'un petit filet jaune quand on relève la garde; mais le premier moyen est préférable; de plus, il faut pour la solidité que la garde soit cousue.

La dorure sur tranche faite chez M. Pélissier spécialiste, doreur sur tranche, est belle, mais défraîchie par le travail de la reliure.

Au *Recueil des historiens des croisades*, dorure creuse; la tranche paraît un peu ondulée, ce n'est pas la faute de l'ouvrier, mais du papier qui gondole par lui-même.

Le Palais de Fontainebleau, tranche dorée, puis ciselée, exécuté par M. Mutel, genre Renaissance, avec les initiales de l'empereur Napoléon au milieu de la tranche. Ce travail est de bonne exécution. A ce même volume, pour l'ornementation du plat, on a fait servir une plaque beaucoup trop large pour ce format; aussi a-t-on dû laisser d'énormes chasses par devant, ce qui ôte tout le mérite du travail.

N'eût-il pas été préférable d'exécuter sur les plats un dessin à la main, afin d'avoir une reliure convenable?

Au point de vue particulier de la reliure, les travaux sont très propres et bien suivis d'exécution, aussi pouvons-nous généraliser nos observations.

Pour l'endossure, les dos des volumes ne sont

pas suffisamment nourris par la couture, ils sont plats et d'une maigreur désespérante, quelques-uns n'ont pas assez de mors, et ont une tendance à être pointus ; du reste, pas de milieu plats ou pointus.

Les cartons sont trop faibles.

La rognure est bien faite.

La parure est trop mince dans les dos, aux coiffes et sur les bords. Le maroquin est trop tiré, et le grain en est trop écrasé, cela le fait ressembler à de la basane ; les nerfs sont généralement faibles ; enfin, le tout a un aspect maigre et étriqué.

Les tranchefiles à rubans ne sont pas toutes jolies, il s'en faut.

Les coins des cartons, à l'intérieur, sont coupés francs, à angles droits, comme chez M. Engel, aussi renvoyons-nous le lecteur aux observations que nous avons faites sur ce défaut, en rendant compte des travaux de cet exposant.

Nous constatons aussi que l'on n'a pas suivi la petite amélioration que presque tous les exposants ont appliquée à leurs belles reliures, et qui consiste à arrondir légèrement les angles extérieurs des cartons, afin que la peau s'effleure moins facilement.

En regardant l'ornementation extérieure des œuvres capitales de cette exposition, l'on se croirait au lendemain de la révolution de juillet, à l'une des Expositions de l'an de grâce 1834 ou 1839 ; les *Bogetti*, les *Dalandon* et leurs égaux ne disposaient pas et ne se servaient pas d'autres fers dans leurs riches dorures. Il est vrai, par contre, que nous avions les *Simier*, les *Thompson*, les *Beauzonnet*, les *Keller*, etc., comme aujourd'hui nous avons les *Wampflug*, les *Marius Michel*, les *Joly*. les *Follet*, etc.

Nous ne comprenons pas que l'atelier de reliure de l'Imprimerie *impériale* se soit montré si faible et ait fait si peu de frais.

Parmi les travaux qui méritent notre attention, nous citerons :

Un in-folio, *Etablissements généraux des bureaux de bienfaisance*, maroquin rouge, entourage grec, mosaïque peinte bordée de filets or, milieu idem avec remplissage de grands tortillons, filets, fleurs Groslier hachées à l'extrémité ; l'ensemble est assez bon, le coup de fer ne laisse rien à désirer.

Histoire générale de Paris, deux volumes in-4° La Vallière clair, filets droits et courbes avec fleurs hachées Groslier à l'extrémité des tortillons ; le tout doré. Même remarque que pour le précédent.

Quelques autres dorures à la main ne méritent pas d'être citées, sinon un *Evangile*, petit in-folio : dorure à la main et au balancier, maroquin rouge, quatre gros coins *placard* (genre Dubuisson du siècle dernier) au balancier, profondément enfoncés, rattachés par des filets droits et courbes, effet très bien réussi si l'atelier recherche la clientèle des commissionnaires qui exportent pour les colonies espagnoles.

Une collection d'in-8° ayant déjà été exposée antérieurement avec des encadrements mosaïques assez larges, dont nous ne parlons que pour mémoire. Comme travail à la main, rien de plus !... Ce n'est vraiment pas assez.

Au point de vue de l'exécution, la dorure au balancier faite dans cet établissement est complétement sans valeur ; les moyens dont on s'est servi pour arriver à un aussi mauvais résultat semblent être ceux dont on disposait dans le commencement de ce siècle, alors que les balanciers n'en étaient encore qu'à l'état d'enfance. L'*Imprimerie impériale française*, loin de montrer aux autres nations l'extension prise par notre industrie, depuis quelques années surtout, touchant la perfection obtenue par nos mécaniques, s'est au contraire laissé dépasser par nos humbles exposants, pour le travail à la main comme pour celui au balancier.

Ainsi, dans ce dernier genre de travail, le chef-d'œuvre de la direction est le tirage de la plaque en galvanoplastie, poussé sur le volume.

Palais de Fontainebleau : le fonds est mosaïque vert de mer; cette couleur, comme fond, n'est pas heureuse et l'agencement des autres couleurs fait un tout d'un goût suranné; les mosaïques sont faites avec trop peu de soins, la plaque est mal venue. Il en est de même pour tous les travaux exposés où la plaque a remplacé la dorure à la main.

Pourtant on nous a affirmé qu'il avait été fait plusieurs échantillons de cette plaque à différentes couleurs de mosaïques, afin de faire un choix de celui qu'on prendrait pour avoir les honneurs de l'exécution en vue de l'Exposition. Puisque vous vous êtes arrêtés à celui-là, vrai, en bonne conscience, messieurs les directeurs, vous n'avez pas fait preuve de goût, car nous ne pouvons pas douter que dans ceux qui ont été faits il n'y en ait eu d'un effet plus heureux par l'agencement des couleurs. Soyez donc de votre métier, mais ne vous mêlez pas de vouloir diriger les choses que vous ne connaissez pas.

En somme, cette exhibition est maigre et bien au-dessous du rang qu'un établissement semblable doit occuper. Mais, à nos observations, il nous a été répondu, cómme aux Expositions antérieures : Nous n'exposons pas, nous sommes hors concours !

Pourquoi alors ces médailles en si grand nombre données? Il n'y avait pas lieu d'en priver des ateliers plus méritants! Mais! la liste! la liste !... de recommandations. Vous n'y pensez donc pas!... C'est vrai!...

Les reproches généraux que nous sommes obligés de faire à notre Établissement *national* n'atteignent ses coopérateurs que pour la partie essentiellement manuelle et non intellectuelle. Car nous savons très bien que là, comme dans certains établissements privés, l'initiative n'est aucunement laissée à l'ouvrier, qu'il lui serait même préjudiciable d'en prendre, qu'il ne doit être que l'humble exécuteur *d'ordres* supérieurs. Entendons-nous, supérieurs seulement par le rang de l'employé qui les donne, mais non par ses connaissances en l'art de la reliure. Aussi nous attaquons-nous plus particulièrement à la direction qu'à l'exécution.

Le résultat de notre examen venant se heurter aux croyances que nous nous étions faites touchant tous nos *ateliers nationaux*, impériaux aujourd'hui, peut-être royaux demain, mais toujours nationaux, tels que les Gobelins, Sèvres, Imprimerie et tout ce qui s'y rattache, nous mène à nous poser cette question :

Qu'est-ce que l'atelier de reliure de l'Imprimerie impériale?...

Nous avions cru jusqu'alors, et en cela, nous n'étions pas les seuls, que cet atelier pouvait être considéré comme une école, ou tout au moins comme un établissement pouvant faire des sacrifices afin

de développer et de propager l'art de la reliure (1).
Presque tous les travaux sont pour être donnés soit
à des particuliers en bons rapports avec le gouvernement, soit à des bibliothèques départementales,
communales, ou des sociétés savantes. D'entreprises
particulières, on en fait peu, on ne devrait pas en
faire; par ce fait, peu de risques de perte de par les
débiteurs; pas de loyer, la nation fournit le loge-
ment; pas de frais d'imposition ni de patente, l'Etat
ne s'impose pas lui-même; dans diverses circonstances, il se fait même cadeau du timbre.

Nous croyons donc que cet établissement devait
au moins répondre à ces avantages par des travaux
toujours progressants, sous le rapport du genre, du
goût et du développement artistique, que, principalement pour la dorure, l'on devait rechercher dans
les bibliothèques tous les types de dorure méritant

---

(1) En ce qu'il est privilégié par l'État. Dans la circulaire en date du 28 octobre 1849, on lit ce passage signi-
ficatif :

« Il peut arriver, sans doute, que, dans une espèce toute
« particulière, les prix de cet établissement, mis en paral-
« lèle avec des offres intéressées, paraissent plus élevés
« que celles-ci. Mais là n'est point la question : c'est sur
« l'ensemble de cette exploitation désintéressée qu'il con-
« vient d'apprécier les avantages qu'elle offre à l'Etat, et
« sous ce rapport, les résultats sont tels que quelques
« faits isolés ne sauraient les détruire. » Et plus loin :
« Et pour que si, par impossible, il existait dans l'inté-
« rieur de votre ministère un atelier d'imprimerie, de
« lithographie, de *reliure* et de réglure, et formant dou-
« ble emploi avec ceux que le gouvernement entretient
« à l'*Imprimerie nationale* pour le service des adminis-
« trations publiques, vous aviseriez aux moyens de sup-
« primer la dépense qu'il occasionnerait.

« *Le président, garde des sceaux,*

« Signé : BAROCHE. »

5

d'être répandus et ne pas reculer devant les sa-crifices que ne peut pas toujours faire .l'industrie privée, afin de donner aux générations présentes et futures la connaissance de travaux admirables et d'exécution surprenante dont plusieurs ont trois et quatre siècles d'existence, et qui non-seulement ont été exécutés avec un outillage incomplet, mais encore par des doreurs qui n'étaient pas spécialistes pour la plupart.

Malgré cela le jury, en bon courtisan, sachant faire plaisir en haut lieu, a été large en récompenses de toutes sortes : *médailles d'argent, médailles de bronze, mentions honorables,* sont tombées comme la manne céleste sur l'atelier de reliure de cet établissement, au point que, dans le premier moment, plusieurs, nous en sommes certains, ont dû se regarder et se demander pourquoi messieurs du jury leur avaient fait cet honneur.

Est-ce à titre d'ancienneté et pour récompenser de bons services, sur les rapports donnés par les directeurs de la maison, que ces médailles ont été décernées? Nous croyons que l'on devait donner une autre destination aux récompenses de l'Exposition et que le seul mérite industriel devait y avoir droit.

En présence de ce fait, nous nous demandons pourquoi le jury a oublié des coopérateurs aussi méritants que ceux de MM. Lesort, Gruel-Engelmann, Engel et Boucheron.

Mais non, hors de l'Imprimerie impériale et de la maison Mame, il n'existe plus de travaux méritants de reliure d'après l'intelligence et les connaissances de notre jury officiel.

Simple question: A quelle époque, messieurs nos tuteurs, reconnaîtrez-vous que nous sommes, en travail pratique, suffisamment majeurs pour faire nos affaires nous-mêmes? et à quelle date aurez-vous l'esprit de reconnaître que vous ignorez complétement ce côté de la vie?

Les coopérateurs qui ont exécuté les *ordres* de la direction sont :

JAVELLE, corps d'ouvrage;

Mme PERRIN, tranchefilure;

DAVID, couvrure;

BOILET, mosaïque (?);

LANGLOIS (Henri), dorure;

GUDBRODE, dorure;

PÉRIN, finissure;

PÉLICIER, dorure sur tranche, rue Haute-feuille, 22.

—

MAISON LECLERC (ADRIEN) ET Ce, imprimeurs-libraires. (Atelier de reliure, rue Barthelemy, 5, Grenelle.)

Un *ancien* membre de notre commission, lors de nos visites à l'Exposition, nous déclara que la maison n'exposait pas de travaux de reliure, que ces dernières ne servaient que d'enveloppes aux éditions de la maison, et que, par conséquent, nous devions nous abstenir de tout jugement sur cette exposition.

En vérité, c'était justice; car, ayant eu la curiosité de jeter un regard sur ces travaux à travers la vitrine, nous avons été désagréablement surpris; nous avions toujours pensé que les reliures faites dans cet atelier étaient traitées avec plus de goût et plus de soins.

Chef d'atelier : DURFOR.

Doreur : CASIMIR BRIOTET.

IMPRIMERIE ADMINISTRATIVE, PAUL DUPONT (député), Clichy-la-Garenne, chef d'atelier : DUBUC.

Nous nous présentons à la vitrine de cette maison, qui, par une grande étiquette en maroquin, lettres en or, accuse un atelier de reliure et dorure; nous ne voyons guère que des impressions. Cependant.... quelques volumes reliés. Nous savions par nos renseignements que les parties essentielles du travail, c'est-à-dire celles qui frappent l'œil, avaient été faites par des coopérateurs étrangers à cet atelier et hors de l'atelier, et que le corps de l'ouvrage seul, endossure et rognure, avait été fait par le chef de la reliure. Aucuns coopérateurs ne sont nommés.

A la pièce principale : l'*Album Deriez*, nous remarquons que le travail fait dans la maison est justement celui qui méritait le moins d'éloges, ou plutôt le seul critiquable; l'endossure est plate, les chasses sont trop grandes pour ce format et les bords sont si petits que, lorsque le dos tombera, s'il subit quelque fatigue, la gouttière arrivera à leur niveau. La ciselure de la tranche blanche et or est jolie. La couverture est bien faite. La dorure sur cuir, de Lagardette, est supérieure à toutes celles qu'il a faites pour les autres maisons exposantes déjà citées ou à citer. On n'a pas eu soin de garnir de papier l'intérieur des cartons, en prévision des gardes en soie, aussi cambrent-ils dans le sens inverse, c'est-à-dire en dehors.

Cet atelier a eu l'honneur d'une mention honorable : bon jury ! le député de la Dordogne ne pouvait demander plus de complaisance de sa part, en obtenant une médaille d'or pour les produits typographiques de sa maison. Son atelier de reliures devait avoir aussi sa récompense !...

Contre-maître de l'atelier :

DUBUC.

—

MAISON COTTIN, rue Dauphine, ancienne maison *Jean Simier*.

Nous devrions nous abstenir de parler de cette maison : l'ouverture de la vitrine nous ayant positivement été refusée. hâtons-nous de dire à ce propos que ce refus inqualifiable est le seul que nous ayons rencontré de la part de tous les exposants sans exception. Tous, au contraire, se sont empressés soit eux-mêmes. soit par leurs intermédiaires, de mettre leurs travaux à notre disposition avec tous les renseignements que nous avons pu leur demander ; nous les en remercions ici bien sincèrement.

M. Cottin a cru devoir agir autrement ; nos visites et nos sollicitations ne lui ont cependant pas fait défaut, il nous devait bien la politesse d'accueillir notre demande ou de nous donner un motif de refus ; faisons donc comme s'il eût craint d'avance notre critique et que notre appréciation lni soit légère.

Comme à l'atelier Dupont, les parties les plus sérieuses du travail exposé ont été faites par des coopérateurs étrangers à la maison, qui ne sont pas nommés.

Le corps d'ouvrage seul y a été fait et ne mérite guère que des critiques (d'après ce que nous en pouvons voir).

La dorure a été faite chez Lagardette, mais nous ne pouvons pas en dire ce que nous disions de celle exposée à l'atelier Dupont ; elle ne nous a pas paru belle à travers le verre ; vue à la main, elle n'eût pu qu'y perdre.

Cet exposant, *relieur du Corps législatif*, a eu une médaille de bronze !... Le jury en ce cas anglomane, a-t-il récompensé l'idée doublement affreuse de cette incrustation d'armes anglaises trouvées sur le champ de bataille de Waterloo ? et de ces deux petits biscaïens sertis dans les deux fermoirs ? Ne soyons pas chauvins, mais soyons Français. Ces morceaux de cuivre vert-de-gris pouvaient peut-être trouver place chez un antiquaire, mais il fallait être privé de toute espèce de goût artistique pour les poser sur une reliure ; de même qu'il fallait être complétement privé de bon sens pour les apporter dans cette exhibition universelle, où il était tout à fait inopportun de réveiller un souvenir sanglant et irritant pour notre honneur national, par l'étiquette qui accusait la provenance de ces objets. Monsieur de Boissy, vous n'étiez pas heureusement visiteur de cette exposition, car sans cela, en voyant cette chose d'aussi mauvais goût, votre sang eût bouillonné dans vos veines.

—

Maison LESORT, libraire-relieur, rue de Grenelle Saint-Germain.

C'est la première fois que cette maison expose ; sa vitrine est moins garnie que celles de ses rivales, mais aussi n'y voyons-nous pas de vieux chefs-d'œuvre restaurés et conservés. Tout est fait nouvellement et pour la circonstance, et cependant son travail est assez satisfaisant pour que, du premier coup, il ne se trouve pas déplacé à côté des premières maisons exposantes.

Si la vitrine a moins d'éclat par suite de l'absence

d'orfévrerie, le travail artistique de la main y existe dans toutes ses parties, et, à quelques rares exceptions près, il n'y a rien à redire dans le fini de chacune d'elles. Beaucoup de soin dans toutes les parties du travail caractérise cette exposition.

La spécialité de cette maison est la reliure liturgique, principalement de luxe; elle entreprend aussi la bibliothèque.

Missale romanum. — Maroquin rouge orné d'un riche relief gothique. Les reliefs sont rares à l'Exposition, la mode en est passée, aussi celui-là attire-t-il d'autant plus notre attention.

Le dessin représente une fenêtre d'église gothique (un peu dans le genre des plaques Thouvenin), en bosse saillant d'environ deux millimètres, il est bien exécuté au point de vue de la régularité. Mais sa complication a exigé de l'ouvrier beaucoup de temps et d'adresse, l'effet répond-il au travail fourni ?

Dans les ornementations en relief, comme dans beaucoup d'autres, les meilleurs effets ne sont pas toujours produits par les plus riches dessins ; là, surtout, il faut savoir bien agencer la couleur de la peau et la dorure avec le dessin. Ainsi, pour le volume dont il s'agit, l'effet eût été meilleur sur un La Vallière demi-clair, surtout si, au lieu de polir les colonnettes, ce qui n'a réussi qu'à les nuancer et à donner un aspect de gaufrage au travail tout entier, on eût laissé le tout mat, se contentant de pousser un simple filet fin à froid aux pieds des reliefs.

Il est vrai que, pour conserver le grain bien mat, il faut beaucoup d'adresse de la part du couvreur, et pour le doreur beaucoup de soins, mais aussi l'effet est-il bien supérieur. Une jolie simplicité bien réussie vaut toujours mieux qu'une richesse compliquée, mais imparfaitement comprise.

Le dessin est garni de fers vides dorés bien exécutés. Malheureusement nous avons une sérieuse critique à faire à la dorure : la roulette intérieure se double aux angles, il est pour une telle reliure incompréhensible d'avoir commis un semblable manque de soins.

Les mors de ce volume ne sont pas assez fournis à l'endossure.

La rognure est bien faite, les chasses bien proportionnées au format.

La dorure sur tranche est belle.

Missale romanum, maroquin poli La Vallière foncé, mosaïqué vert clair et rouge. Dessin de fantaisie simulant, par le vide au milieu du plat, une croix de laquelle s'échappent des branches deux filets s'étendant sur tout le plat. Intérieur ou contre-plat maroquin rouge, avec dentelle petits fers, dessin creux. L'exécution de dorure est parfaite, le dessin est de bon goût et ne manque pas son effet.

Ce volume est cousu sur nerfs. Les mors ne sont pas assez fournis ; la rognure est bien faite.

Canon Missæ, maroquin poli rouge. Large dentelle à petits fers creux, intérieur des fers mosaïqué vert clair, bien correcte, parfaite d'aplomb et de brillant, mais trop surchargée de points creux, surtout au sommet de la dentelle, où ils forment une ligne disgracieuse à l'œil, ce qui alourdit le dessin et lui fait manquer son effet. Il peut être nécessaire d'en mettre quand l'intervalle entre les fers est trop grand, mais pourtant dans une certaine mesure ; ici, l'on a dépassé le but.

Les mors de ce volume ne sont pas assez fournis à l'endossure. La rognure est régulière.

Vita Christi, in-folio, pleine reliure veau gris. Imitation des reliures faites sur les incunables : tranche rouge, gardes papier tourniquet. Pourquoi tranche rouge? pourquoi papier tourniquet? Lorsque l'on imite ce genre de reliure et qu'on le fait sur un grand format, le volume a tout à gagner à ce que ce genre soit scrupuleusement observé; la tranche doit être dorée ou blanche naturelle; pour les gardes, elles doivent être en parchemin ou velin.

Les reliures de ce temps ont les gardes qui portent sur les cartons, montées par onglet à cheval sur le premier cahier et cousues avec; de cette manière, l'ouverture en est très solide; il y avait toujours au moins deux feuilles de papier blanc au commencement et à la fin. Lorsque l'on ne faisait pas la dépense de deux morceaux de parchemin, avant la couture, on mettait deux bandes de parchemin cousues avec le premier cahier, ce qui consolidait les gardes blanches; mais de gardes marbrées, jamais; en existait-il à cette époque?

Il ne faut pas non plus mettre de roulettes gaufrées à l'intérieur, comme nous en avons vu à celui de M. Gruel-Engelman, qui a bien observé le genre comme gardes intérieures, mais a commis l'erreur de la roulette, qui est trop large, ce qui l'a entraîné à ébarber sa garde : cela lui retire tout le cachet de ce genre; de plus, les mors sont trop épais. Ne pourrait-on pas, pour ce genre, monter sa garde un peu haute dans le mors et la coller à mors fermés? Ça ne serait pas plus mal.

Le dos de ce volume n'est pas d'une bonne rondeur, il est un peu pointu, la rognure est bien.

5.

Comme nous le disons plus haut, son genre est incunable ou monastique, il a sur le plat une large gaufrure à froid faite à la main. La régularité du noir de la gaufrure sur le veau présente une difficulté plus grande que sur le maroquin du Levant, et, malgré cela, nous n'avons que des éloges à faire à cette exécution, elle est parfaitement réussie.

Pontificale romanum, in-folio, pleine reliure maroquin rouge (commerce), cousu sur nerfs. Les mors de ce volume ne sont toujours pas assez fournis ; la dorure sur le plat est composée de filets vernis entourant le plat et écartés de trois à quatre centimètres, un autre filet montant et un autre sur les travers se croisant, un fer doré dans les vides au carré des quatre angles, bordure roulette, à l'intérieur. Cette dorure est très simple et sans difficulté, mais elle a un cachet de propreté que n'ont pas souvent les reliures dites de commerce.

Doré par Jules Lecomte.

Deux autres Missels chargés aux trois-quarts du plat de filets et roulettes courantes garnissant la plus grande partie du plat, genre que l'on pourrait appeler *Simier*.

Un Bréviaire romain, in-32 en quatre volumes, cousu sur nerfs, reliure pleine, tête de nègre. Cet exemplaire est fait en reliure souple, dos et plats ; sous le rapport du corps de l'ouvrage, ces volumes ne laissent rien à désirer, il n'en est pas de même de la couverture, des faiblesses sont apparentes dans le travail préparatoire de là peau pour cette façon.

Heures de Saint-Louis, in-8° compacte, pleine reliure velin ; l'endossure et la rognure sont bien exécutées, le velin est bien employé et bien frais.

Missel, in-4°, maroquin poli avec croix et médaillons incrustés représentant les quatre évangélistes. Il est fâcheux que cette incrustation ne s'adapte pas parfaitement dans la peau; en certains endroits, ces interstices sont causés par le retrait du métal, en le soumettant à une trop grande chaleur d'abord, et à un refroidissement trop subit lors de la fabrication des plaques.

Heures, in-16, reliure bleue azuline, dessin entre-lacé, seizième siècle, bien fini d'exécution, pour les plats du volume, les courbes sont pures, les onglets bien faits; contre-plat en velin, dessin entrelacé de deux filets, bien propre, mais manquant d'aplomb dans l'écartement des filets.

Plusieurs *Paroissiens*, *Bréviaires*, *Livres d'heures* variés de dorures; petites dentelles, d'autres jansé-nistes, d'autres maroquins polis avec écussons or, le tout bien soigné.

Les paroissiens, missels, etc., exposés dans la vitrine de la chapelle du parc, quoique ayant été faits pour la vente et mis en montre tels quels, nous confirment dans notre opinion, que ce n'est pas seu-lement par la richesse de la matière employée que les reliures de cette maison acquièrent de la valeur, mais bien plutôt par l'habitude de bien faire.

Signalons encore, dans cette partie de l'Exposi-tion, un magnifique *Livre d'heures*, orange, dessin entrelacé, seizième siècle, terminé dans certaine partie en cartouche, mosaïqué vert foncé, pour le ruban, les autres parties vert clair et magenta; au milieu du dessin un médaillon émail; intérieur ou contre-plat magenta, dentelle aux petits fers. Ce vo-lume est parfaitement fait dans tout son ensemble.

Puis un Bréviaire, quatre volumes, pleine reliure, maroquin poli, dos et cartons, souples, toutes les parties du travail sont parfaites : chaque partie de ce bréviaire est couverte d'une couleur différente, bien appropriée à la saison qu'elle représente : ainsi, *Hiemalis* (hiver), rouge ; *Verna* (printemps), vert ; *Æstiva* (été), bleu ; *Autumnalis* (automne), orange. Pour celui-là feuille morte eût cependant été préférable.

Jugeant le corps d'ouvrage dans son ensemble, nous remarquons qu'à la plupart des volumes les mors ne sont pas assez fournis à l'endossure ; aussi, à grand nombre de ces volumes, les cartons s'ouvrent trop, ils tombent sur les dos, la maigreur des mors en est la cause principale. Ce défaut entraîne une difficulté pour la dorure sur tranche, la gouttière a celui inverse, et il est presque impossible de faire une belle dorure dans ces conditions.

Pour obvier à cet inconvénient, il suffit que le dos soit suffisamment nourri de fils pour que, après l'avoir arrondi légèrement, la pression, lors de la mise en presse pour faire les mors, lui donne une bonne rondeur naturelle, de cette façon le dos aura belle forme et de la solidité, le fil servant en quelque sorte de clef de voûte, il s'ouvrira parfaitement et sans raideur. C'est à l'endosseur à surveiller la couture.

A ce propos, il n'est pas déplacé de dire que généralement, depuis l'emploi de la presse mécanique (étau), pour faire les mors, la bonne couture s'en va. Au moyen de la forte pression que l'on obtient avec cet outil, l'ouvrier adroit arrive souvent à faire un beau dos avec une couture trop peu fournie, mais aux dépens de sa durée et de sa solidité ; aussi nos endosseurs modernes sont-ils moins difficiles que leurs devanciers pour la couture et pour la passure en colle. Les bonnes couturières deviennent rares, parce qu'elles ne sont pas engagées à bien faire par un salaire raisonnable, qui serait obligatoire, si l'on faisait un travail consciencieux et non d'apparence, que permet l'outil nouveau, et la plupart de celles qui se forment ne peuvent prétendre qu'au titre d'enfileuses de cahiers.

Les cartons sont bien proportionnés à l'épaisseur et à la grandeur des volumes.

La rognure est bien traitée, les chasses sont régulière et bien proportionnées.

La dorure sur tranche est soignée et le travail de la reliure n'en a pas terni l'éclat. Cette dorure a été exécutée par M. Morand et par *M. Victor Blangis* (1).

---

(1) Malheureusement pour les amateurs et principalement les connaisseurs, le dernier est mort et il ne sera plus possible d'avoir de ces travaux consciencieux comme il savait seul les faire. Victor Blangis a rendu sa dépouille mortelle à la terre. Nous ne pouvons donc pas être taxés de partialité dans notre jugement.

Qui le remplacera, qui arrivera, parmi ses confrères, à faire de l'art comme lui seul, parmi les doreurs sur tranche, en a fait? Aucun d'eux ne l'a surpassé, aucun ne l'a égalé, aucun n'apporte dans son exécution ce fini, ces soins que Blangis, digne élève de son père, savait y apporter. Pour lui, son art était toute sa vie, toute sa satisfaction, et à cela il y a du mérite, du vrai sentiment artistique, car la dorure sur tranche étant partie accessoire de la reliure, l'ouvrier de cette spécialité ne peut attendre de récompense que dans la satisfaction qu'il éprouve d'avoir bien fait et dans l'appréciation des relieurs ; il ne peut pas espérer dans l'avenir une immortalité dans le monde bibliophile, que peuvent attendre les Thouvenin, les Bauzonnet, les Capé, etc., et leurs prédécesseurs en talent. Son talent ne peut servir qu'à augmenter la réputation de ceux-ci ; car si, dans l'avenir, l'on voit dans les catalogues de ventes de livres cette note : Relié par tel ou tel ; cette mention particulière : Doré sur tranche par *Blangis*, comme doré sur cuir par *Marius Michel* ou *Wampflug*, etc., n'y sera sans doute jamais marquée, et

Les tranchefiles n'ont rien de parfait dans leur exécution, c'est le travail qui laisse le plus à désirer.

La couvrure est presque sans aucun défaut; les cartons des Missels et des livres d'Heures sont très légèrement arrondis en pente douce, ce qui donne au dessin un relief assez agréable.

La dorure sur cuirs de cette maison, faite toute à l'atelier, est, comme nous l'avons dit plus haut, bien soignée et le genre commerce proprement traité; les titres sont mieux compris qu'à la maison Mame.

Après examen, il a été mis dans la vitrine du palais deux ouvrages qui méritent de s'y arrêter à nouveau : d'abord *un petit in-64, maroquin poli orange,* bouquet de fleurs on ne peut plus léger, mosaïqué parfaitement réussi comme goût et comme travail; puis un autre volume : de celui-ci il ne peut être question que pour dire qu'il semble que le doreur était fatigué de l'application qu'il avait été obligé d'apporter aux précédents travaux, car, malgré que l'on reconnaît la même hardiesse d'exécution, ce travail est inférieur à ceux faits par lui.

Tel est, en conscience, le travail exposé par

---

pourtant, depuis quelques années, presqu'un demi-siècle, ces deux parties sont séparées complétement du relieur et ont le droit de réclamer leur autonomie, comme au dix-septième siècle le relieur la réclama en se séparant du libraire. Avant que cette justice soit rendue, réparons cette habitude de l'oubli et associons nos regrets de sa mort aussi prématurée, à ceux des artistes qui le faisaient travailler.

Victor Blangis (fils) est mort en 1867, à l'âge de quarante-trois ans. Jules Morand est un de ses élèves; s'il est un de nos bons doreurs sur tranche, il n'égale pas encore son maître.

M. Lesort, dont le bon goût, la précision et surtout le travail bien suivi, ont pu nous donner, sans contredit, ce qu'il y a de mieux, de plus complet, à l'Exposition.

Le jury officiel a *largement!...* décerné à M. Lesort une médaille de bronze, et sans mention honorable à ses intelligents coopérateurs. Il a refusé cette récompense (et nous ne l'en blâmons pas) comme étant au-dessous des sacrifices et du mérite de son travail exposé. Par le dernier motif de son refus, M. Lesort, libraire, n'ayant rien produit par lui-même, reconnaissait donc une injustice faite par le jury officiel à ses principaux coopérateurs, qui sont : pour la dorure sur cuir, Follet et Jules Lecomte; pour la dorure sur tranche, Victor Blangis et Jules Morand; pour la couvrure, Florent Rifflet, et pour le corps de l'ouvrage, Perrault et Vigny,

Nous avions envoyé à M. Lesort la même demande qu'à la maison Mame pour la reproduction d'un de ses dessins de dorure, M. Lesort n'a pas cru devoir nous répondre !...

—

LONGUET, Troyes (Aube). — Buvards, Serviettes, Portefeuilles, Paroissiens.

La vitrine de cet exposant, sans être d'une grande importance, se fait cependant remarquer par la variété des produits. Cette maison, dont les ateliers sont à Troyes (Aube), confectionne, en effet, tout à la fois l'album, le buvard, la maroquinerie, le paroissien, le missel, la fantaisie, etc.

Quelques albums, avec fermoirs à bandes, ne sont pas trop mal faits pour la province, mais ne peuvent rivaliser avec la plupart des travaux des maisons spécialistes de Paris. Il en est de même pour les paroissiens.

Le corps de l'ouvrage est mal exécuté; les dos sont plats, la rognure est mal faite, les chasses sont trop grandes; l'or de la dorure sur tranche est pâle, les coins sont refoulés, et la tranche est grattée légèrement en cercle; la tranchefilure et la couvrure n'ont rien de remarquable, mais la dorure sur cuir n'est vraiment pas belle, et n'a pas de genre.

Quatre Paroissiens, intérieurs et gardes en soie dorés complétement, c'est-à-dire que sur les gardesoies l'ouvrier a voulu faire ce qui se fait si rarement, que l'on pourrait même dire que cela ne se fait jamais (et, franchement, il eût été préférable que celui-ci eût douté un peu plus de lui et se fût contenté d'un semé); au lieu de cela, sur soie blanche, il a fait une dentelle Du Seuil, si vous voulez, avec milieu même genre; les fers sont d'abord gras, comme gravure, les genres de fers sont mélangés; puis, cela a été glairé après le tracé, mais sans précaution aucune, le blanc d'œuf dépasse d'un centimètre; aussi c'est gris, c'est sale et sans brillant; pour les intérieurs de couleurs le même défaut existe. Enfin, devant un résultat semblable, l'on eût dû ne pas ouvrir ces volumes dans cette vitrine avec une façon aussi prétentieuse.

Un buvard rouge, rubans entrelacés et enroulés, mosaïqué vert, milieu bleu azuline; ces deux couleurs sur rouge se marient mal; mais l'exécution est bonne. Doré aussi à la maison.

Il y a de remarquable, dans les travaux exposés, *un Missel* exécuté sous la direction de M. Micolci, chef des ateliers de M. Longuet. Ce livre nous a beaucoup intrigué par sa forme étrange et son dé-veloppement original, d'autant plus que nous n'a-vons pu pratiquement nous rendre compte de la manière de s'en servir, attendu qu'il était défendu d'y toucher.

La singularité de l'enveloppe de ce missel con-siste en ce que les plats sont formés de plusieurs cartons attachés entre eux par des charnières, et couverts chacun d'une couleur et ornés d'une do-rure différente, plus ou moins luxueuse, de manière qu'en se développant, se repliant sur eux-mêmes de diverses façons, ils peuvent offrir pour couver-ture du livre une reliure simple pour une cérémo-nie ordinaire, une plus riche pour les semi-doubles et en augmentant de richesse jusqu'aux doubles-majeures. L'intérieur de ces plats contient, en ou-tre, doré à la main, le *Credo*, le *Veni Creator*, l'*Ite missa est* en plain-chant. Nous sommes presque cer-tains que l'idée de cette nouveauté de ce missel (*omnibus officiis*) appartient à M. Micolci, dont nous connaissons depuis longtemps la féconde ima-gination. Nous regrettons qu'il n'ait pas employé son bon goût ordinaire à nous montrer quelque chose de plus sérieux et de plus artistique en bonne et simple reliure.

La dorure sur tranche de ce volume est ciselée avec miniature peinte dans le dessin; cette ciselure a été faite chez M. Mutel. Malheureusement, la tranche se trouve fatiguée, même défraîchie par le travail de la reliure.

La couvrure a dû présenter des difficultés; mais nous ne pouvons voir comment elles ont été vain-cues.

La dorure à la main a été exécutée chez M. Lagar-dette. Nous voyons ce travail de côté, il nous est impossible de nous prononcer sur sa véritable valeur, mais nous pouvons voir à notre aise les gardes dorées ; elles sont baveuses comme dorure et comme apprêt. Ce travail, nous a dit l'employé de la maison, a coûté, comme dorure, 1,200 francs! Nous nous demandons comment cela a pu coûter si cher. Nous ne voyons ni assez d'art ni assez de perfection dans cette exécution pour qu'elle vaille un pareil prix.

M. Micolci, chef d'atelier.

—

Maison MARX, Albums pour Photographies et Maroquinerie, rue du Chaume.

Grande variété de tout ce qui concerne la maroquinerie proprement dite : *Buvards, carnets, portefeuilles, boîtes à différents usages, coffrets pour papeterie, nécessaires de voyage, nécessaires à ouvrages pour dames et surtout belles collections d'albums pour cartes photographiques.*

Notre tâche ne pouvant guère s'étendre au-delà de la reliure, nous nous bornerons à indiquer le plus sommairement possible l'ensemble des travaux de cette maison, ainsi que ceux de ses confrères exposants.

Tous les albums de M. Marx sont montés sur onglets de peaux, et plusieurs d'entre eux se font remarquer par leur bonne exécution, nous ne les désignerons pas tous, et nous généraliserons presque toutes nos appréciations pour les causes citées plus haut.

La Bijouterie faite dans la maison même est généralement de bon goût et s'harmonise le plus souvent d'une manière très heureuse et bien com-

prise avec les objets dont elle fait l'ornementation.

Nous avons remarqué aussi que la dorure au balancier est assez bien réussie, surtout dans quelques plaques mosaïquées. Ce genre de dorure est,
du reste, le seul employé dans tous les travaux
exposés; il n'y a guère que quelques filets mosaïqués exécutés à la main et dans des conditions assez médiocres.

N'oublions pas de désigner à l'attention plusieurs
albums cousus sur rubans, avec serrure pour fermoirs, un autre dont les filets en biseaux sont très
nets, et enfin, quelques garnitures dorées et émail-
lées qui ne sont pas sans mérite.

—

CRETZSCHMAR, ancienne maison Muller, quai Saint-Michel.

Cette maison est l'ancienne maison Muller, celle
qui, la première, s'est servie du balancier anglais,
suivie en cela par M. Engel, et qui, le premier, a compris la possibilité d'employer les dos dorés avant la
couvrure. Il ne les faisait pas comme maintenant les
font faire les grandes maisons, c'est-à-dire divisés
avec nervures, non, ce n'étaient que des dos longs
Renaissance de diverses épaisseurs, et nos ouvriers
parisiens qui ont fait, il y a une vingtaine d'années, leur apprentissage en province, doivent se
rappeler en avoir vu employer par leur patron,
auxquels ils étaient vendus par les commissionnaires fournisseurs des articles pour la reliure. M. Muller n'avait pas la précaution de garnir la peau en
dessous d'un papier, et il s'ensuivait que, lors de
l'emploi, l'humidité de la colle détrempait la do-

rure en amollissant la peau, joint le plus souvent au manque de capacités pratiques du couvreur, lorsque le dos était employé, il avait perdu sa fraîcheur, les ornements avaient changé de forme, bien heureux si l'or n'était pas parti. Cet inconvénient fit son manque de succès, qu'il pourrait maintenant avoir avec la garniture qui consolide la peau et l'empêche toujours un peu de s'étendre. Aussi M. Muller abandonna petit à petit cette innovation, reprise d'une manière plus sérieuse en 1856 par M. Lenègre et continué par les autres grandes maisons, et s'adonna-t-il presque complétement, lors de la grande vogue du porte-monnaie, à sa fabrication, en y joignant la maroquinerie et ensuite l'album pour photographies.

C'est ce qui fait que cette maison, à son début, spécialisant la dorure au balancier et à la main, se présente aujourd'hui aux regards des visiteurs comme fabrique d'articles de maroquinerie et d'albums. Ce point d'histoire expliqué, nous entrons en matière (1).

La pièce principale est un *Album pour* 200 *portraits*, tout en cuir russe intérieur (ou corps de l'album) et couverture.

Que de peaux ! que de temps et de patience il a fallu pour ce travail !... Et quel résultat obtenu ? Ce n'est ni beau, ni bon et a le grave défaut de ne

---

(1) **M. Muller** est, avec MM. Scheck et Engel, le premier introducteur du balancier anglais (ou presse à dorer). Ces types ont servi de point de départ aux perfectionnements apportés dans ce genre d'outils par **M. Van de Weche**, qui, substituant une genouillière au barreau, lui imprima un mouvement continu. D'autres modifications ou additions furent faites, qui en ont fait un outil complet et qui, pour certains travaux, le rendent préférable comme célérité et comme résultat.

pouvoir s'évaluer à un prix rémunérateur; il n'y a que les ouvriers travaillant habituellement ce cuir qui peuvent apprécier les difficultés vaincues, sans pour cela admirer le résultat. C'est ce que l'on appelle *un tour de force;* nous y ajouterons le qualificatif *inutile.*

A côté de cet objet considérable et nul comme résultat pratique, s'en trouve un autre de bien moindre importance, mais beaucoup supérieur.

C'est un buvard maroquin rouge, orné d'une grecque courante, biseau oblique vert clair et vert foncé, pour simuler l'ombre que produirait ce dessin s'il était en relief vrai. L'idée est excellente et d'un bon effet, mais le dessin est manqué; il est impossible de suivre les passées; puis les quatre parties des coins sont isolées et ne se rattachent en rien au dessin. Malgré cela, l'effet est parfaitement réussi; vue à distance, on croirait la grecque complétement indépendante de la couverture rouge et posée seulement dessus; l'œil est charmé de cet aspect, qui ne disparaît même pas quand on se rapproche.

Un autre *buvard maroquin La Vallière, orné d'un relief représentant une fenêtre gothique,* est parfaitement réussi, et cette couleur est mieux en rapport du sujet que rouge chez M. Lesort; mais, à part le filetage du relief, qui est bien, le travail qui est le plus difficile n'existe pas (nous voulons parler du découpage de la carte), car le relief est en bois sculpté recouvert de peau.

Si l'on a jusqu'alors employé la carte de préférence au bois, la raison en est que le bois, quelles que soient sa nature et sa qualité, travaille et même se fend; la carte ne présente pas cet inconvénient. Nous croyons que cet exposant n'a pas été bien inspiré en faisant ce relief en cette matière. Dans quelques années nous serions curieux de le revoir.

Un *Buvard* vert foncé, reliefs, courbes, entrelacés, magenta bordé sur la surface d'un filet or, cassures en grand nombre et mal jointes.

Plusieurs Albums, Buvards et Carnets, sont ornés d'incrustations d'un nouveau genre, et par cela attirent toute notre attention.

Jusqu'alors dans la reliure, pour incruster les ornements, chiffres ou garniture de métal, on découpait dans une carte, de l'épaisseur du métal à incruster, le vide nécessaire pour le recevoir, puis on appliquait cette carte sur le carton et on couvrait le volume ; puis il faut que la peau soit parée très mince pour entrer dans les petits détails du dessin, alors, par une pression quelconque, avec les mains ou avec la presse, l'on fait entrer le métal dans le vide qu'on lui a préparé à l'avance, ce moyen est long et présente de nombreuses difficultés. D'abord, il faut que la carte soit découpée bien juste et bien tenir compte de l'épaisseur de la peau, si l'une ou l'autre condition n'est pas bien observée lorqu'on applique la garniture, ou elle n'est pas à niveau avec le plat, ou il existe des vides qui ne sont rien moins que beaux. En outre de ces difficultés pratiques, comme l'on est obligé de biseauter ou arrondir la carte sur les bords des cartons, pour dissimuler l'épaisseur que cette applique produit, les reliures à incrustations sont forcément lourdes et matérielles ; pour obvier à cet excès de lourdeur, quelques ouvriers se sont imaginés de découper dans le carton même le vide nécessaire pour recevoir l'incrustation ; c'est un progrès, l'applique de carte étant supprimée, la reliure gagne en légèreté ; mais, quant à la longueur et à la difficulté du travail, elles restent non- seulement les mêmes, mais l'on pourrait dire qu'elles sont augmentées.

Les incrustations de M. Crestzchmar sont faites tout différemment, c'est à même la peau et lorsque le volume, buvard ou carnet, a été couvert tout uniment, qu'il a fait découper le vide nécessaire pour incruster la garniture de métal, mais aussi il ne faut pas que le métal ait plus d'épaisseur que la peau qui a été enlevée : cette manière est certainement plus expéditive et nous paraît, à en juger par ce que nous avons sous les yeux, fournir un résultat tout aussi bon, sinon meilleur, et certainement moins long.

Toutefois. nous devons reconnaître que, dans ce cas, il faut que le découpage soit d'une parfaite justesse, car les vides, déjà vilains avec les deux précédents systèmes, ne seront plus tolérables avec celui-ci, puisqu'ils montreraient le carton et la chair de la peau.

Les incrustations de cette exposition, toutes faites par ce dernier procédé, sont bien réussies; c'est à peine si nous apercevons par-ci, par-là quelques petits filets blancs, formés par de petites entailles dans la fleur de la peau.

C'est la première fois que cette maison expose, elle apporte une innovation, celle que nous venons d'expliquer; espérons que le temps la consacrera.

Au point de vue de la dorure, nous devons rester muets, car le travail, comme exécution, est tout ce qu'il y a de plus ordinaire.

SCHERFF, Albums, rue des Quatre-Fils:

Les Albums exposés, ainsi que les objets de fantaisie en maroquinerie, annoncent au premier coup d'œil qu'ils sortent d'une maison dont le travail a pour but le commerce proprement dit.

Bien que les albums aient bonne façon, les onglets de peau sont moins bien faits que ceux exposés par les autres fabriques. Les tranchefiles sont faites sur peau roulée, les couleurs en sont bonnes.

Les garnitures avec ou sans émaux sont pour la plupart d'un bon dessin et fort bien exécutées; toute cette partie du travail se fait exclusivement dans les ateliers de cette maison. C'est, il est vrai, un mérite de centralisation. Si les clients et les ouvriers y trouvent leur compte, nous ne pouvons que louanger les maisons qui procèdent de cette manière. Pourtant il nous serait permis presque d'en douter, lorsque nous voyons des maisons qui employaient cette combinaison, l'abandonner; témoin la maison Lenègre qui, l'année de l'Exposition, faisait faire la bijouterie chez elle, et qui maintenant (1868) n'a plus qu'un apprenti... un apprenti fait chez elle, qui ne peut faire que le montage des pièces fabriqués au dehors de la maison.

Pour la dorure sur cuirs, nous n'avons pas à en faire des éloges; la pièce principale : *Un Album relief* garni dans les angles de médaillons peints, portraits persans. Tous les filets en or des reliefs sont noirs comme or et cassés presque partout, les courbes irrégulières et les filets mal joints. Ici, l'on reconnaît la dorure de la rive droite, par son manque de perfection et par son goût lourd.

Pour la dorure sur tranche, les albums à la gouttière sont gougés de travers, la dorure est bien.

Puis un in-4°, tranche ciselée irrégulièrement, manqué enfin !

BLANC. — Albums à musique.

Cet exposant nous montre des Albums avec un instrument de musique à l'intérieur de la couverture.

Si nous avions à juger cette vitrine au point de vue du travail, nous n'aurions qu'à dire que tous ses Albums sont inférieurs, comme fabrication, non-seulement à ceux des autres exposants, mais même très ordinaires comparativement à ceux que l'on trouve dans le commerce.

Mais M. Blanc n'expose pas pour les albums, il expose pour l'instrument ou plutôt la boîte à musique qu'il y a adapté. Disons, en un mot, en quoi consiste cette application :

L'album, posé fermé dans une vitrine, sur une tablette ou sur votre table, reste muet; vous l'ouvrez pour parcourir la collection de portraits qu'il renferme, et vous êtes tout surpris d'entendre venir frapper vos oreilles un air semblable à ceux que jouent les tableaux-pendules. Vous regardez autour de vous, vous cherchez, vous écoutez, vous prêtez attentivement l'oreille, enfin il vous semble que cet air sort de l'album; alors vous le feuilletez de nouveau, vous le retournez, vous le regardez dessus, dessous, dedans; vous entendez toujours le même air sans comprendre d'où il sort.

Voici la ficelle, voici l'explication de votre étonnement. Le carton inférieur de cet album est augmenté d'une boîte dissimulée dans un épais biseau; c'est dans cette cavité que se trouve l'appareil musical que vous connaissez, dont Genève a la spécialité. Le seul fait de l'ouverture de l'album fait l'échappement, qui rend libre le cylindre, qui alors se met en marche; les lames du peigne métallique re-

6

çoivent le frottement nécessaire, et vos oreilles sont charmées d'un air quelconque. Aux quatre angles du plat extérieur à la partie où commence le biseau se trouvent de gros clous dorés paraissant destinés à protéger la couverture contre le frottement de la table; erreur, ces clous sont mobiles, et si par le fait ils protègent; leur but n'est pas seulement celui-là; ils dissimulent les entrées de clef pour remonter l'appareil lorsque le cylindre est à bout de course; puis, selon qu'il est remonté d'une certaine façon, il peut jouer un air chaque fois que l'on ouvrira l'album ou bien plusieurs airs indéfiniment.

Un de ces albums porte une montre sur le premier plat et, comme les pendules dont nous parlions plus haut, elle joue un air à chaque heure et peut également jouer à volonté, si elle est remontée en conséquence.

Nous avions dans l'article fantaisie la tabatière, la pendule, le porte-cigare à musique; nous voilà doté de l'album; c'est original et ce n'est qu'à la parfaite dissimulation et à l'ingéniosité de l'idée que nous consacrons ces quelques lignes; pourtant cela ne devrait pas empêcher M. Blanc de traiter ou faire traiter d'une façon un peu plus convenable l'extérieur et l'intérieur de ses albums.

—

CLERAY. Garnitures de livres, écaille, ivoire.

La spécialité de cette maison de tabletterie n'est pas, il est vrai, de notre compétence, mais nous ne pouvons passer devant la splendide vitrine de M. Cleray sans y admirer le magnifique volume couvert en écaille.

Il est peu probable que la *Bible de Gustave Doré* (*Mame, Tours*), soit jamais aussi richement habillée; bien que l'exemplaire papier de Chine dont nous parlons, et dont on a dû réunir les deux tomes en un seul, soit déjà par lui-même d'une très grande valeur.

Les plaques incrustées de platine et d'or de plusieurs couleurs, recouvrant ce volume, atteignent des proportions qui n'ont pas d'exemples dans le travail de l'écaille. En voyant ce beau spécimen du suprême bon goût français, on ne sait ce que l'on doit admirer le plus, de la légèreté, de la beauté du dessin, de la perfection du travail ou de la richesse de la matière.

Le dessin et l'exécution sont de M. Cleray lui-même; le dessin est bien en rapport avec le livre, et l'exécution est tout simplement par sa perfection un chef-d'œuvre de patience, de précision; le dos, d'un seul morceau, comme chacune des plaques, est du mieux fini.

Nos éloges sincères faits à M. Cleray, rappelons que c'est à lui que nous devons le système de dos souples en ivoire, écaille, etc., qui consiste dans l'application sur le dos de petites baguettes étroites, légèrement arrondies d'un côté et posées à plat l'une près de l'autre, dans le sens de la longueur du dos, ce qui permet au volume de s'ouvrir entiérement.

Le dos sous l'écaille est en maroquin du Levant, un peu trop clair pour la nuance de l'écaille; le corps d'ouvrage est bon, le seul reproche que l'on puisse lui faire, c'est que toutes les ficelles font saillie; l'on eût pu, il nous semble, l'éviter. La dorure sur tranche marbrée, dorée, est parfaite d'exécution.

La reliure a été faite chez M. Capé.

Le *Jury officiel* a honoré M. Cleray d'une *médaille de bronze!...* Cet exposant a refusé cet honneur!... et, par une affiche apposée à sa vitrine, a protesté contre la compétence du jury et en a appelé à un jugement d'ouvriers de son métier. La Commission impériale, sur son refus de retirer cette affiche, a fait d'autorité couvrir sa vitrine. M. Cleray a contesté ce droit à la Commission impériale, et cela a été la source, tant pour lui que pour d'autres, de petits procès et scandales dont l'Exposition de 1867 a été assez prodigue. (Voir la collection de la *Gazette des Tribunaux*, année 1867, de juillet à décembre.)

—

Maison GRUMEL. Variétés d'Albums d'un bon marché excessif, très proprement faits, rue Neuve-Bourg-l'Abbé, 3.

En présence du succès toujours croissant de la photographie, M. Grumel a, un des premiers, compris que l'album deviendrait en quelque sorte un meuble indispensable de famille, aussi a-t-il cherché son exploitation intelligente en fabricant bien et à bon marché.

Quelques albums sont montés sur onglets, mais le plus grand nombre est sans couture. Ce système est préférable aux autres, selon nous, par l'économie de temps qu'il réalise dans la main-d'œuvre par sa rapidité d'exécution, d'où résulte son bon marché, et par la ressemblance qu'il a avec le livre, car il s'ouvre jusqu'au fond et à dos brisé.

Nous sommes assurés que ce système est aussi solide que n'importe quel autre, si la fabrication est traitée consciencieusement. Nous ne prétendons pas, par cela, fermer la porte aux perfectionnements, car il nous semble que ce genre de produit n'a pas dit son dernier mot et qu'il est possible encore de le perfectionner.

M. Grumel a obtenu une récompense pour le bon marché de ses produits.

Cette maison expose, comme ses concurrents, des albums montés sur onglets, sans couture, en peau et soie, bien soignés, très propres; l'emploi des onglets en peau ne remplit pas le but de solidité voulue, aussi sont-ils abandonnés pour ceux en percaline dans les travaux ordinaires, comme se coupant moins à la fatigue.

Voici quelques-uns de ceux des albums qui attirent par leur travail le plus notre attention :

Un *Album de deux cents portraits*, maroquin bleu orné d'une garniture, coins et milieu en métal argenté; ce dessin gracieux et léger représente des amours et des fleurs et fait un effet charmant sur le fond bleu de la couverture.

Un *Album de deux cents portraits*, La Vallière, orné d'une garniture en cuivre découpé et doré à plusieurs nuances d'or, également joli.

Ces deux garnitures auraient produit un effet bien supérieur si elles avaient été incrustées dans la peau, à la manière de M. Crestzchmar. Mais n'oublions pas que tous ces albums, pour être riches et bien, n'en doivent pas moins rester bon marché.

M. Grumel a fait faire de véritables tranchefiles à ses albums riches; nous l'en félicitons, c'est un détail que plusieurs de ses confrères ont eu le tort de négliger.

La pièce principale, comme intérieur, est un *Album pour grandes photographies*, dont les passe-partout sont faits à la main (aquarelles), et représentent chacun un dessin différent. Ce n'est pas de la reliure, nous n'avons pas à le juger, cependant nous nous permettrons de constater que c'est un joli travail d'encadrement ; les onglets employés pour réunir les feuilles entre elles sont en soie, tout ce travail est bien réussi.

Un *Album maroquin du Levant, rouge,* entrelacé, grandes feuilles, façon Groslier, si l'on veut, mosaïqué vert-clair, au milieu un relief façon Renaissance, mosaïqué bleu, écusson au chapiteau, barré longitudinalement et horizontalement avec quatre fleurs de lis or, relief mosaïqué bleu, bordé sur la surface de filets or. La mosaïque (excepté pour le milieu) par la façon dont elle est posée, semble en relief, et comme là n'est pas le but, c'est un travail manqué ; les filets or qui la bordent sont baveux, fatigués et sans perfection dans les onglets, les courbes sont irrégulières et sans exactitude dans leurs écartements, l'encadrement du dos manque aussi de régularité, et quelques filets or des encadrements tombent dans les filets noirs qui bordent les nerfs ; la dorure, par son manque de brillant, semble vieille. Garde-soie verte avec un semé de fleurs dix-huitième siècle, dorées ; l'on a tellement bavé à la glairure que chaque fleur a une auréole grise. Nous ne sommes pas partisans de la dorure à la poudre, qui a l'inconvénient d'empêcher d'obtenir un ton chaud et brillant comme le blanc d'œuf ; mais pourtant, si l'on ne veut pas apporter le temps et les soins nécessaires à ce genre de travail, en glairant avec propreté les dessins que l'on veut dorer sur la soie, il serait préférable de s'en servir, ce serait moins sale.

Doré chez Lagardette.

Un *Album cuir russe, plat Groslier,* mieux réussi que le précédent, quoique manquant de régu-

larité dans l'écartement des filets. (Doré chez Lagardette.)

Un *Album violet*, avec milieu ovale brisé par
demi-cercles et garni dans les vides de branches
dix-huitième siècle ; la perfection de l'ensemble
fait croire tout d'abord à une plaque (doré par Al.
Presle).

Buvards et autres *Albums* dorés ou gaufrés,
genre papeterie, c'est-à-dire dessins de filets gras,
vernis, bordés de filets simples or, ne s'écartant
pas des règles géométriques, procédant par demi-
cercles, quart de cercles et lignes droites ou bri-
sées (dorés par Alex. Presle).

M. Grumel ayant sous sa main un ouvrier doreur
dont les capacités n'ont pas été jusqu'alors contes-
tées, pourquoi a-t-il été chercher une coopération
commerciale dont lui-même, de son propre aveu, a
reconnu l'imperfection et l'infériorité à côté de ce
qu'il avait chez lui ? C'était une question de temps
qu'il aurait pu vaincre s'il avait pensé à son exposition avant le dernier moment.

Telle a été, pour la plupart des exposants, la
marche suivie. Il semblerait que l'on a craint la
concurrence, que chacun a voulu, avant de se décider à travailler en vue de l'Exposition, savoir qui
devait exposer, afin d'être sûr de primer.

Cela rappelle un peu les concours orphéoniques
auxquels des Sociétés de la province, du reste très
capables, ne se rendent que lorsqu'elles sont bien
certaines que telles ou telles n'y sont pas, et qu'alors
elles ont toutes les chances de revenir chez elle en
ayant sauvé l'honneur du clocher, par le fait très
peu compris. Elles oublient cet axiome : A vaincre
sans péril, on triomphe sans gloire.

Enfin, deux coopérateurs, *nommés* pour la dorure,

ont travaillé à cette exposition, et il est incontestable que celle faite par Alexandre Presle est de beaucoup supérieure à celle faite dans la maison Lagardette. Pourquoi cette maison s'est-elle mise si au-dessous de la réputation que jusqu'alors on lui avait accordée? Car, après Wampflug et Michel Marius, cette maison est la première en réputation. Diverses raisons sont données par ses défenseurs (nous regrettons d'avoir été obligés d'être aussi sévères envers elle, nous ne voudrions pas que nos lecteurs supposassent de notre part un parti pris de dénigrement), le bon marché, disent les uns; nous l'avons trop pressé, disent ceux qui lui ont confié des travaux; d'autres, il faut faire forcément du commerce, des affaires!!... Oui, mais il y a temps pour tout, et lorsqu'une maison bien posée se respecte, elle n'entreprend pas des travaux qui ont des prétentions artistiques, si, par la modicité du prix, il lui est impossible sinon de les faire passables, au moins de les faire acceptables.

M. Parizot (car tous ceux qui ont fait faire des travaux dans cette maison ont reconnu que l'exécution laissait beaucoup à désirer) nous a donné comme excuse que le peu de temps qu'il lui avait accordé en était cause. Alors nous dirons, comme nous avons dit en rendant compte des travaux exposés par la maison Lenègre, à M. Dewischer : N'entreprenez plutôt pas, car vous ne pouvez fournir ces excuses à tout le monde, et d'abord, quoi qu'il en soit, vous êtes responsable de ce que vous avez fait.

Mais le plus souvent bien des maisons, après avoir fait leur réputation, ne croient plus devoir tenir compte de l'opinion publique, ou s'en soucient peu, et en profitent pour *faire de l'argent*; elles se-

croient, comme le roc, inattaquables. Et puis par qui seraient-elles jugées? Est-ce que l'on a jamais institué un jury compétent? Et le passé, comme le présent, donne gain de cause à ce raisonnement : on marche en ce sens, la conscience disparaît et l'on entend les naïfs dire : Maintenant on ne fait plus d'art, il n'y a plus que du commerce, toujours du commerce.

C'est une erreur, il se fait encore de l'art; mais pas dans certaines maisons à réputation ; elles n'en ont fait que comme moyen d'arriver à la renommée, elles la possèdent, adieu l'art; il n'en faut plus, elles exploitent leur nom. Cherchez! il y en a; mais n'allez pas, comme les moutons de Panurge, chez ces gens qui vous prennent cher parce qu'ils sont réputés bons faiseurs : l'art ne fait pas d'entreprise, il travaille modestement, surtout à Paris, où il tient d'abord à sa liberté d'action et à son indépendance dans son travail, sans laquelle l'art ne peut se mûrir, se développer !

Coopérateurs pour la dorure : Alex. PRESLE;
G. LAGARDETTE.

—

MAISON BOUCHERON, bijoutier, galerie de Valois; PETIT, relieur, rue du Bac; WAMPFLUG, doreur sur cuirs, rue Violet (Grenelle).

Vie de Jules César, maroquin plein rouge, avec garnitures en vermeil, camée, médailles des empereurs romains.

Ce volume, comme reliure, a été fait chez M. Petit (rue du Bac), passage Sainte-Marie. L'endossure est bonne, le dos d'une bonne rondeur; il est cousu sur nerfs; les nerfs ne sont pas trop gros et bien droits. La rognure est soignée et il reste quelques témoins, malgré qu'il soit doré sur tranche. Cette partie du travail est bonne, la marbrure se voit bien sous l'or.

Il est difficile de juger du travail de la couvrure sous la riche garniture qui le recouvre, pourtant nous pouvons dire, sans nous tromper, que la peau a été trop amincie aux mors, car les cartons étant à biseaux, c'est-à-dire très lourds et de plus devant avoir une garniture lourde par son poids, l'on eût pu laisser la peau dans presque toute son épaisseur afin d'empêcher le carton de retomber aussi facilement; l'on eût pu la diminuer un peu plus en tête et en queue du dos qui, tous deux, font bec d'un demi-centimètre.

Les gardes en soie n'ont pas été soignées, car nous en trouvons principalement une qui, lorsque le carton est rabattu, laisse voir au moins un millimètre de blanc du volume. Ceci provenant principalement de la pose de la charnière, il fallait, pour corriger ce défaut, laisser la garde par devant un peu plus grande.

Notre tâche pour ce travail est surtout la dorure sur cuir, partie de notre art dignement représentée.

Le volume étant couvert en maroquin rouge, le contre-plat est naturellement vert (ce sont bien les couleurs classiques) et mosaïqué rouge; le maroquin a été paré à sec et a bien conservé son grain. (Voir le dessin ci-contre.)

Le dessin est du style romain pur, style que l'on retrouve déjà appliqué à la reliure, principalement aux grands volumes reliés par Bozerian (1) au commencement de ce siècle et cela n'a rien de surpre-

____

(1) Voir l'*Egypte*, exécuté par ce même relieur à la bibliothèque du Louvre, maroquin grain long rouge.

PHOTOGRAVURE DUJARDIN

PL. VI bis
IMP. EUDES

nant, les costumes ainsi que tout ce qui était art *seulement* étaient à la romaine.

Ce plat se compose : 1° d'une roulette entourant le plat qui porte sur le maroquin rouge, d'un deux-filets encadrant la partie verte qui forme le contre-plat à deux centimètres et demi, un autre deux-filets partant de bas en haut et un autre le traversant de gauche à droite; ceci laisse un vide carré aux quatre angles vides, remplis par des roses d'architecture.

Cette disposition de filets courants autour du plat forme une bande mosaïquée rouge et interrompue au centre de la verticale et de l'horizontale par un vide carré comme aux angles, sans mosaïque remplie par des N traversées· par une branche de laurier, et les parties mosaïquées rouge par· une grecque simple courante de deux filets traversés par une branche de laurier, parfaite d'exécution et d'autant plus surprenante qu'il est impossible de voir par quel moyen elle a pu être exécutée. Nous y reviendrons.

Quatre magnifiques coins aux angles intérieurs de ce cadre, tortillons voluptés rattachés entre eux par des nielles courants; ces coins sont exécutés au moyen de cinq fers, et par le dessin ci-contre, qui est une photo-gravure, par conséquent la reproduction brutale de l'exécution, l'on peut admirer l'exactitude avec laquelle ces fers ont été raccordés ainsi que ceux qui les rattachent entre eux.

Puis, comme avant-dernière disposition du plat un deux-filets fins courants s'arrondissant aux angles et rentrant en grecque simple aux centres de la verticale et de l'horizontale, laquelle grecque est remplie par de mêmes roses mais plus petites que celles déjà citées.

Au milieu d'un ovale composé d'un deux-filets et d'un petit dessin courant le contournant, cette partie blanche sur laquelle apparaît une silhouette est l'envers du camée, le carton ayant été entaillé pour l'y loger et lors du tirage photographique le jour frappant la partie extérieure a produit cette vue au lieu d'une surface plane et blanche.

Et enfin pour terminer (et c'est ici que le dessin est nécessaire pour se rendre compte du travail), la partie centrale est remplie par un entrelacé de cinq et six filets genre parquetage, se terminant en haut et en bas du médaillon en sexagone, au centre comme dernier filet un petit losange, sur les côtés droit et gauche le sexagone se trouve coupé par le milieu.

Cette dernière partie du travail est à tous les points de vue sans reproche; et le dessin sous les yeux surtout, réduit aux deux septièmes, nos lecteurs apprécieront comme nous la sûreté de main et le talent de *l'artiste* qui a exécuté cette œuvre, car tous les écartements sont réguliers et parfaitement d'aplomb; comme coup de fer, aucuns des filets ne sont plus enfoncés les uns que les autres, ce qui pourrait s'apercevoir sur la photogravure à part l'effet du mirage, c'est-à-dire les filets plus blancs d'un certain côté de la planche par des traces plus épaisses.

Comme ton d'or, comme brillant, comme richesse de matière, nous n'avons rien vu à l'Exposition qui soit supérieur à ce travail, et nous pouvons affirmer que dans dix ans, dans vingt ans et plus, l'or aura ce même brillant. Car si l'on fait le reproche à un de nos artistes doreurs, qui marche de pair avec cet exécutant (1), de la perte, au bout de quel-

______

(1) Michel Marius.

ques années, du brillant de l'or de presque tous ses travaux, il n'en est pas de même pour celui dont nous analysons le travail en ce moment. Cela doit tenir à la différence qui existe dans leur apprêt, à la différente façon de travailler et à l'acide employé pour attendrir la peau (rafraîchir).

M. Wampflug fait patiemment son travail, sans être arrêté par aucune considération ni de temps, ni de prix; il ne transige avec aucune de ces deux choses, couche son or, pousse, recouche, repousse jusqu'à cinq fois, six fois, s'il le faut, et n'abandonne l'exécution que lorsque sa conscience d'artiste est satisfaite, et il est sévère avec elle. De cette façon, dans tous ses travaux, les dessins sont nourris, et il ne reste jamais assez de fraîcheur (acide) dans la peau pour que le temps en altère le brillant; de plus il a une sûreté de main qu'il est impossible de surpasser.

Mais revenons à la grecque : nous disions qu'il est impossible de se rendre compte du moyen employé pour son exécution; aucun défaut, aucun raccord, qui puissent guider le chercheur, pourtant il est impossible qu'elle ait été poussée par bandes à la presse, cela n'aurait aucun mérite artistique. Nous ne nous arrêterons donc pas à ce moyen d'exécution, pas plus qu'à celui d'une roulette gravée, ce qui n'aurait pas plus de mérite que le précédent. Un troisième se présente à notre esprit : faire d'abord la grecque à la main au moyen de bouts de filets, et certaines impressions un peu plus fortes en plusieurs endroits pourraient le faire croire, et semer ensuite la branche de laurier en l'entrelaçant dans la grecque. Oh! alors ce serait par la patience, la régularité de la pose de toutes ces fractions de branches et de feuilles, un travail d'Hercule, une presque impossibilité d'arriver à une exécution aussi correcte; et, malgré toute la patience que nous connaissons à M. Wampflug, nous croyons la chose presque impossible et nous préférons nous arrêter à ce quatrième procédé, qui nous semble le plus rationnel.

Dessiner la grecque, la diviser par carrés, c'est-à-dire cinq parties pour la plus longue et trois parties pour la plus courte, faire graver chaque pièce avec la branche de laurier et les raccorder entre elles par les onglets des deux filets, puis alors quelques petites feuilles et bouts de filets pour en compléter l'exécution.

C'est ce dernier moyen qui a dû être employé (et cela ne retire en rien le mérite de l'exécution), car ce qui pourrait nous en convaincre, c'est l'arrêt brusque et le même aux quatre angles remplis par les roses qui dans les autres cas aurait pu être disposé d'une façon différente si le troisième procédé avait été employé.

Pour l'extérieur, le volume, cousu sur six nerfs, est encadré d'un double filet avec coins du même genre (coins palme); le plat est garni sur le biseau d'une riche guirlande de chêne et de lauriers; en dedans, quatre coins de style romain, rattachés au centre par un ornement en palme, un large filet poussé en or, se rattachant à un ornement poussé aussi en or, garnit le vide qui existerait dans la garniture en orfèvrerie au sommet et à la base du plat. Au milieu, un magnifique médaillon ovale orfèvrerie, dans lequel un camée représentant le profil en demi-bosse de Jules César; ce camée, ainsi que les quatre médailles qui sont enchâssées dans les couronnes ménagées dans l'ornementation des coins sont, nous a-t-on dit, authentiques; au-dessous du médaillon, un aigle aux ailes déployées, au-dessus deux branches de laurier s'entrecroisant.

Au premier abord, il semble que c'est un travail manqué, un fer doublé, le fond est noir, l'idée n'est pas heureuse, et nous croyons que l'on ne la renouvellera pas. Voilà ce qui produit ce mauvais effet : l'on a fait graver un aigle dont aucune partie n'est détaillée, puis un autre qui fera les plumes, les antennes, etc., au moyen de petits filets. Or, on pousse le premier, qui produit un fer gaufré sans détail, et l'on pousse ensuite l'autre, qui va alors, lui, dessiner l'aigle en or; pour la branche de laurier de même. Ce travail est fait à la presse; dans l'encadrement du dos, ce même travail a été fait.

Terminons en reconnaissant toutes les difficultés vaincues dans l'exécution de tous ces travaux, et regrettons encore une fois, avec les quelques privilégiés qui ont eu l'avantage de les voir, que ces parties du travail exécuté sur l'exemplaire de l'*Histoire de Jules César*, exposé par M. Boucheron, se soit trouvé dans la classe de la bijouterie, puis caché (pour l'intérieur) à tous les regards publics.

Puisqu'il y avait deux tomes de reliés et garnis, M. Boucheron n'aurait-il pas pu en conserver un dans sa vitrine pour la partie dont il était exposant, et en exposer un autre dans la classe de la reliure pour celle faite chez M. Petit, et par M. Wampflug? Il aurait pu se concerter avec ces deux messieurs; par cela tout le monde y eût gagné, et le Rapport officiel ne serait pas muet sur le travail le plus sérieux comme dorure sur cuir appliqué à la reliure.

On nous glisse à l'oreille que le jury ne l'aurait pas jugé aussi favorablement que le volume des *Romans nationaux*, exposé par M. Cottin. Oh ! Messieurs !...

PORTUGAL

M. LISBOA, à Lisbonne

Un Album pour photographies, grand-in-folio, destiné au roi dom Luis, tient une première place dans cette vitrine. Reliure chagrin rouge, dorure entrelacée filets, dessin géométrique avec chiffres au milieu mosaïqué violet, contre-plat bordure mosaïquée, milieu en soie moire blanche, semée d'étoiles d'or et de couleurs. Certes, l'on s'est donné beaucoup de mal pour un résultat négatif, comme bon goût et comme exécution.

Est-ce parce que nous ne sommes pas habitués aux reliures portugaises, cela est probable ; car dans notre impuissance à rendre exactement notre idée sur ce volume, nous ne pouvons que dire qu'il est très drôle comme effet de dessin et comme aspect général.

Cet album est monté sur onglets ; l'on n'a pas su calculer l'épaisseur vraie des onglets, et le dos est plus gros que le corps du volume, le fil doit seul former le dos et les mors avant la couture, l'on ne doit garnir d'onglets que juste l'épaisseur du montage, la pression les met à niveau, et après la couture elle met le tout presque d'égale épaisseur ; de plus, pour un travail de cette importance et de cette grandeur, il est regrettable et même impardonnable que le montage n'ait pas été fait sur onglets de toile, car la moindre fatigue cassera les onglets de papier : l'endossure est faible et molle ; à la rognure, l'on a oublié les chasses.

La couvrure laisse à désirer.

La dorure, pas trop mal faite, pèche pourtant par une surcharge de gros points vernis semés à profusion dans le dessin, et rappelle un peu trop le genre buvard et papeterie.

Le grand *Album rouge*, ornement or et froid, avec chiffre et couronne, n'a, lui aussi, rien que de très ordinaire.

Le *Concioneiro*, relié en veau russe, vient ensuite ; la mosaïque est peinte et dépeinte à l'aide de couleurs acides, le choix des couleurs n'est pas heureux. C'est criard, de plus elle est baveuse et donne aux filets dorés des tons faux et comporte des nuances irrégulières.

Le dessin est sans genre et composé d'ornements tellement disparates qu'il est inutile d'en parler.

Les gardes de ce volume sont sans charnières en peau et d'un seul morceau, ce qui n'est jamais gracieux, à moins d'être parfaitement réussi ; ici, ce n'est pas le cas.

Enfin, pour nous résumer, cette maison, qui a une certaine importance, puisqu'elle occupe douze ouvriers, expose tous les genres de reliures ; reliures pleines, demi-reliures, basanes pleines, racines, bien faites celles-là !..... Des paroissiens garnis, dont les garnitures sont fournies par les garnisseurs les plus camelotiers de Paris.

Les demi-reliures ont des coins visibles, larges, en toile rouge, à des volumes couverts en couleurs foncées, cela tire l'œil et est d'un goût un peu douteux ; quelques demi-reliures, plats toile avec passe-partout au balancier.

Généralement l'endossure laisse beaucoup à désirer, les dos sont trop plats et ne présentent pas de solidité.

La rognure est assez bien traitée, quoique à quelques, volumes les chasses soient trop grandes, notamment aux paroissiens.

La couvrure est très ordinaire.

La dorure sur tranche, pour celle faite à Lisbonne, est faite gouttière dorée à plat, le bruni est tout rayé et terne; les raccommodages ne sont pas dissimulés, puisqu'ils ne tiennent pas; la dorure s'égraine sur les bords des gouttières, et les quelques bonnes dorures gouttières creuses ont été faites par Blangis (Victor), à Paris.

Le travail au balancier est représenté par un Manuel avec plaque composée d'un travail très ordinaire et quelques passe-partout ou demi-reliures.

Comme exécution de dorure à la main, c'est bien faible pour une maison de cette importance.

Nous regrettons de le dire : tout cela est médiocre et semble avoir été fait sans principe aucun.

—

SIMON (Porto).

(Cette maison occupe cinq ouvriers.)

Un *Paradis perdu*, reliure pleine; le corps d'ouvrage est assez soigné; comme dorure, le dessin est un entrelacé de filets froids bordés de filets or et terminé dans les courbes de fers Groslier; l'exécution est seulement passable.

Les Dieux et Demi-Dieux de la peinture, en maroquin mosaïqué, avec intérieur en peau magenta et gardes en soie semée argent; pourrait être plus soigné dans les détails. Il en est de même pour le *Missel* rouge avec plaque.

Un volume *Frédol*, entrelacé deux filets or. Pour cette dorure, M. Simon s'est servi d'or de deux teintes avec intention, et le résultat n'est pas beau.

Cette fantaisie est-elle bien à sa place sur un volume? Nous ne le croyons pas.

Le Monde de la mer. Le dessin est joli, l'exécution n'est pas mauvaise, mais l'or, déjà d'un mauvais ton rouge, est noir par place, et si cette dorure a eu du brillant, l'on est obligé de se demander ce qui le lui a fait perdre.

En somme, exécution comme dorure faible, coup de fer lourd, les demi-reliures sont seules passables.

Et pour généraliser notre examen, le corps de l'ouvrage est bien soigné, d'une bonne exécution, l'endossure est bien régulière, bien unie.

La rognure est parfaite, et le seul reproche qui puisse être fait pour ce travail, c'est, pour quelques volumes, l'emploi de cartons trop épais.

M. Simon a travaillé longtemps à Paris, dans des maisons où l'on travaillait assez bien ; il a été, de plus, établi, rue Hautefeuille; et, malgré cela, il semblerait qu'il n'a jamais habité que le Portugal, tant ses reliures ont une couleur locale. C'est à se demander si l'on perd sa façon de faire en quittant un pays.

Nous croyons qu'il aurait pu mieux faire.

—

CERVEIRA (J. C.), Lunados.

Devant cette exposition, nous restons agréablement surpris de l'espèce de tour de force produit.

M. Cerveira est un jeune débutant venu à Paris afin de se perfectionner et connaître à fond la reliure et la dorure dans sa manière française.

Il est parvenu, dans une année de travail patient et intelligent, à exposer des travaux qui ne seraient pas déplacés dans la vitrine de nos relieurs de deuxième ordre : le résultat est tellement extraordinaire que nous avons pris tous les renseignements possibles et qu'ils n'ont pas détruit ce qui nous a été dit par lui-même.

Espérons que nous verrons des travaux exécutés par lui dans une prochaine Exposition et que nous ne constaterons pas de refroidissement du sentiment artistique qui seul a pu l'aider à parvenir à ce résultat presque complet.

Tout le travail de cette vitrine a été fait par lui seul : corps d'ouvrage, parure, couvrure et dorure sur cuir.

L'endossure et la rognure sont d'une bonne exécution. Les volumes sont bien d'aplomb, les chasses sont régulières, d'une bonne grandeur, ainsi que l'épaisseur des cartons, qui sont bien en harmonie avec la grandeur des formats ; que les dos soient quelque peu plus ronds, et nul reproche ne pourra être adressé à ces deux parties du travail.

La parure et la couvrure sont bien faites, ainsi que le montage des gardes.

Pour la dorure à la main, nous signalerons un volume rouge avec dentelle, fers Duseuil, coins arrondis, dont la composition appartient à *M. Froment*, chez lequel cet exposant a pris des leçons de dorure (reproduction de la dorure des *Mystères de la Vierge*, vitrine Engel et fils). Cette exécution n'est en rien au-dessous de celle faite par ce doreur.

Os Lusiadas, maroquin poli bleu azuline, dessin dix-septième siècle, sans remplissage, bien exécuté.

A Lirica de Anacreonte, maroquin poli, dessin Groslier, meilleure exécution que le précédent. A l'intérieur, une dentelle de trois roulettes avec garde-soies semées d'une fleur, dix-huitième siècle (?) ; parfait comme aplomb.

Cancioneiro d'el Rei de Dimez. Dessin filets entrelacés seizième siècle, avec chiffre E. D. moyen âge fait à la main; l'encadrement du dos est bien en rapport avec le plat. A l'intérieur, un sept-filets écarté, parfait comme raccord d'onglets et comme exactitude de parallèles.

Luis de Souza, veau grenat, pur Groslier, avec chiffre gothique (?); il eût été préférable de mettre avec cette dorure un chiffre François 1er ou Renaissance. Ce veau est parfaitement doré, malgré la difficulté que présente la dorure de cette peau et principalement sa couleur.

Et pour terminer, des demi-reliures veau et demi-reliures maroquin qui, pour l'ensemble, ne sont que satisfaisantes.

Cet exposant part dans son pays afin de s'y établir, et si ses travaux futurs restent à la hauteur de ceux qu'il nous a été donné d'examiner dans tous leurs détails, il se trouvera, comme début, bien supérieur à tout ce que nous avons vu comme travaux de reliures exposés dans la partie réservée au Portugal.

Nous l'attendons toujours à une prochaine Exposition, espérant qu'il ne pourra lui être fait que de nouveaux éloges.

BRÉSIL

J.-B. LOMBAERTS, relieur-libraire, Rio-de-Janeiro

M. Lombaerts est un ouvrier européen, originaire de la Belgique, établi à Rio-de-Janeiro depuis 1847. A en juger par l'ensemble de son exposition, il est certain que lorsqu'il quitta l'Europe il ne devait pas être classé parmi les ouvriers médiocres de son pays.

Comme corps d'ouvrage, peu d'observations, mais

la dorure sur tranche n'est en rien réussie, le brillant est ondulé au brunissage, il existe des parties non brunies, les tranches sont déviées, puis des ciselures bariolées de couleurs dans le goût du pays. Les méridionaux affectionnant les choses voyantes.

Un volume, l'*Enfer du Dante*, chagrin rouge, demi-relief; pour le dessin, genre Groslier bordé de filets bleus peints, quelques filets or sur les reliefs et des points creux poussés sans chaleur. Le dessin est d'un très bon goût : la dorure sur tranche de ce volume a été faite à Paris, et la différence est bien de trois quarts en bien.

Un *Album l'Autographe*, sujet figuré en relief, représentant d'un côté la Sculpture, de l'autre la Peinture, au milieu l'Autographe assise. Les ombres et les traits sont marqués par des lignes et des pointillés noirs; de chaque côté, dans le bas-relief qui supporte la femme assise, sont des signatures en or des célébrités contemporaines. Tous ces reliefs sont faits à la main et comme taillés dans le carton, c'est assez bien réussi.

Album pittoresque du Brésil, grand in-folio; chagrin vert, entourage composé d'étoiles et de cartouches en relief. Au milieu, une couronne de laurier en relief; au centre, un sujet historié : la mer et son horizon ; au-dessus, un soleil rayons or, dont le centre est enlevé et remplacé par le portrait peint de dom Pedro, empereur actuel du Brésil (M. Lombaerts est relieur de l'empereur, c'est là probablement la cause de cette exhibition sur ce livre). Les deux branches de laurier sont parfaites d'exécution, et le figuré, en bosse et demi-bosse par le relief, est bien réussi. Il a fallu que la matière qui est sous la peau soit comme sculptée. Les fibres de la feuille sont tracées et d'un effet saisissant. Plusieurs se replient sur elles-mêmes, sans régularité entre elles et sans aucune raideur. La mer, représentée par un temps calme, est reproduite par des pointillés d'or de plusieurs couleurs et d'argent, et le fond vert vient s'ajouter et compléter le bon effet de cette exécution. Une petite embarcation complète ce tableau.

Il est évident que ce travail a présenté beaucoup de difficultés pour arriver à ce résultat qui ne sera pas apprécié par tous, malgré le complet de son exécution : nous entendons ceux qui ne comprennent pour l'enjolivement du plat d'un livre que le dessin strictement d'ornement; mais alors ils pourront être satisfaits par les deux branches de laurier, car, à la difficulté du relief sous la peau, il faut ajouter la couvrure de ce même relief, et son gaufrage à la main; c'est parfait. Les plats sont entourés de un, deux et trois reliefs superposés en gradins, dans le but, lorsque le volume est sur une table, de préserver le dessin ; ils sont trop étroits pour l'épaisseur et ne forment, par ce fait, qu'un cadre chétif; ils sont francs et non bizeautés, ce qui leur retire de la grâce. Il eût été préférable, pour la grandeur du plat, de faire un large relief de 1 centimètre et demi, avec un petit champ dans l'intérieur et terminant en biseau mourant sur l'extérieur et se fondant avec lui.

Un volume in-folio : *Constitution belge*, maroquin citron, sujets aussi figurés et historiés. Sur le premier plan, à gauche, la Constitution belge ; au bas, la carte déchirée à l'endroit où la Belgique se sépare du royaume des Pays-Bas, fruit du Congrès de Vienne 1816. Sur la droite, la colonne figurant les Pays-Bas brisée; de chaque côté, un drapeau aux couleurs belges : noir, or et rouge, retombant en plis sur la hampe ; la peau a été enlevée et remplacée par les trois couleurs en soie ; au dernier plan, un viaduc sur lequel court un train, des branches de laurier courantes, formant médaillons surmontés de la couronne royale. Sur le dernier plat, les portraits accolés du roi Léopold Ier, roi des Belges, et du duc de Brabant, l'héritier présomptif, de profil et en demi-bosse. Les traits, les cheveux et la barbe sont obtenus par des filets courbes ; tout cela est très original comme composition, mais pour celui-ci, comme exécution, imparfait. Les reliefs qui entourent les plats, dans le même but déjà cité, méritent les mêmes reproches que pour le précédent et le même conseil.

Nous disions plus haut que certains amateurs n'apprécieraient pas non-seulement ce genre d'ornementation du plat, mais le repousseraient ; c'est être sans doute trop exclusif, car ce genre de travail ne manque pas de charmes, lorsque l'exécution en est réussie, et il est certain qu'en cette circonstance il y a plus de difficulté que pour un dessin ornementé à filets ; souvent le doreur, pour faire certaines courbes ou pleins, enfin quelques effets obligés de rendre, est forcé de faire le graveur en se construisant des filets de formes soit courbes, soit droites, qui n'existent pas dans les séries de filets que nous livre le commerce.

Nous nous rappelons, à l'Exposition de 1855, avoir vu un chevalier recouvert de son armure exécuté à la main, dont les filets or, plus ou moins épais ou se diminuant, formaient à l'œil les reliefs ; c'était un casse-cou comme exécution ; il était sans reproche, comme Bayard, qu'il aurait pu représenter, et nous entendions dire : Ce n'est pas de la dorure cela. *Despierre*, ancien ouvrier doreur de Simier, en était l'auteur. Bon nombre de critiques, j'entends du métier, eussent été bien empêchés d'en faire autant. Là est peut-être la cause de ce jugement.

A la même Exposition, un relieur de Reims avait sur un plat figuré des bouteilles de vin de Champagne pleines, et c'était du mousseux ; il s'échappait des bouteilles et des verres ; pour cela, on pouvait dire que ce n'était pas de la dorure, c'était terne, mal posé et de mauvais goût.

L'on peut voir encore, en ce moment, rue Madame (Paris), près la rue d'Assas, chez un vieux relieur qui est à gauche, au rez-de-chaussée, des exécutions, tableaux représentant des portails d'églises faits aux filets droits et courbes simples, qui n'ont rien de mal et qui ont, après tout, le mérite de la longueur du travail, de la patience nécessaire pour vaincre certaines difficultés. Sans vouloir préconiser ce genre de travail, nous croyons qu'il est juste et équitable d'accorder à chacun le mérite de son œuvre, et qu'il ne faut pas croire et préconiser, à l'exception de tout autre, le dessin d'ornement pour l'enjolivement d'un plat, ou alors il faudrait l'exclure aussi dans le travail au balancier, qui l'emploie et en fait même pour le moment abus.

M. Lombaerts a certainement le mérite, pour la *Constitution belge*, d'avoir bien compris et appliqué son dessin ; c'est presque de l'histoire parlée de la formation de la Belgique, ainsi que le figuré des aptitudes industrielles de ce pays. Aussi, lorsque ce genre quitte l'emboîtage pour la reliure, il devra trouver grâce devant les puristes, surtout lorsqu'il aura pu être inspiré par le souvenir de la patrie absente.

Cette maison expose quelques paroissiens velours, garnis de fermoir; il est complétement inutile d'en parler tant ils sont nuls.

———

ESPAGNE

L'on nous avait assuré que la reliure espagnole était représentée à l'Exposition de 1867. Et nous cherchions toujours la partie du palais où elle devait se trouver...

Enfin!... à côté d'un poteau, accolé à une exposition de bandages, livres brochures et divers, nous apercevons une vitrine d'environ 75 centimètres à 1 mètre carré de largeur, sur 50 centimètres de profondeur, contenant des reliures, aucune indication ne pouvant nous renseigner si cette boîte vitrée était une exposition de reliures ou l'annexe du bandagiste-libraire. Puis, encore pas moyen de l'ouvrir, pas de délégué à la section espagnole (il est vrai que nous avions l'habitude de nous présenter sans tambour ni trompette, étant délégation libre), qui puisse nous aider dans nos recherche? Comment faire? Ne doutant pas que ceci devait nous intéresser, nous nous décidâmes à chercher à satisfaire notre curiosité. Curieux nous étions dans notre rôle et, à force de toucher cette vitrine dans tous les sens, nous nous aperçûmes qu'elle n'était pas fermée, qu'il n'y avait qu'à soulever le dessus pour pouvoir prendre tout ce qu'il y avait dedans. Eh bien! ma foi, voilà des volumes dans la position de la fille mal gardée et nous croyons franchement que lorsqu'un industriel se donne la peine d'envoyer les produits de sa maison à une Exposition quelconque, les employés, commis à la garde de ces produits devraient en avoir un peu plus de soin.

Rendons justice pourtant que, après une demi-heure que nous étions à les examiner, un employé, le même à qui nous avions demandé des renseignements qu'il n'avait pu nous donner, est arrivé furieux, nous faire reproche de ce que nous avions forcé cette vitrine !... qui n'était pas fermée. Après calme et explications, il a été obligé de convenir qu'il avait oublié de la fermer et qu'alors nous n'avions rien forcé du tout ; qu'il n'avait pas compris notre demande lorsque nous lui avions demandé, sans connaître son caractère officiel, s'il savait où étaient exposés les produits de la reliure à la section espagnole.

Leçon pour ceux qui exposent à l'étranger !...

Dans cette vitrine étaient réunies les expositions de MM. Genesta et Martin.

—

M. GENESTA (de Madrid).

Nous commencerons par M. Genesta, non pas parce qu'il est relieur de la reine, mais parce que son travail est celui qui nous frappe le plus. Nous généralisons nos appréciations, quant au corps de l'ouvrage. L'endossure est solide, les dos manquent de rondeur, les chasses sont trop grandes aux bouts, celles des gouttières sont plus petites ; c'est une erreur, elles doivent être de même grandeur, et si, par impossible, il y avait une différence en plus, elle devrait être sur le devant, les dos pouvant tomber par la fatigue, les chasses de devant protégeraient le texte.

La dorure sur tranche n'a rien de critiquable.

La couvrure, très ordinaire, ainsi que la finissure.

Nous entrons, pour la dorure, dans un détail nécessaire.

1° Un volume, *Arte y Vocabulista araniga*, reliefs à la main. Le plat et le dos assez compliqués; dessin continu. Décoration architecturale mauresque; doublures et gardes en peau, également ornées d'un dessin mauresque continu, mosaïqué de diverses couleurs, façon arlequin. Ce volume, très riche, est bien exécuté, surtout au point de vue de l'ornementation. Malheureusement, les doublures dépassent encore sur les chasses. C'est un défaut que nous rencontrons souvent, mais que nous ne nous lasserons pas de critiquer.

2° *Don Quichotte*, dessin Groslier simple (chagrin rouge), mosaïqué jaune et vert; la mosaïque jaune est nuancée, les filets sont gris. La couleur jaune est celle qui est la plus ingrate pour la dorure; aussi est-il nécessaire, quand on dore sur cette couleur, de s'attacher à obtenir un brillant franc; comme agencement de couleur, il est d'un bon effet, c'est classique.

3° Un volume vert, *genre égyptien*. Mosaïque noire et rouge, assez bien réussie, pouvant rivaliser avec ceux du même genre exposés par la maison Mame et C°.

Nébrisson Lexicon, maroquin rouge. A ce volume, le dessin est original et sort du sentier battu, en ce que, comme celui dont nous avons déjà parlé (1) à l'exposition française, il ne se reproduit pas par quart seulement, il ne lui ressemble pas, il est plus riche d'imagination. Le pied du dessin part du coin

____

(1) Mame (Tours).

gauche inférieur du plat pour s'étendre en volute et le garnir dans toute sa surface. Il est exécuté avec des filets courbes et droits et parfaits, très parfaits d'exécution. Au milieu, un vide est ménagé, dans lequel est le titre du livre. Ce vide pourtant est trop petit et nuit à l'effet. Si nous n'avions pas eu l'ouverture de la vitrine, le correct de l'exécution nous aurait mis dans l'embarras de nous prononcer sur la façon dont il avait été exécuté, et nous nous étions demandé *de visu* si ce n'était pas un travail fait au balancier. Une jolie ciselure à la tranche complète le travail.

Au *Don Quichotte*, pas de tranche-files, des comètes, c'est regrettable.

—

MARTIN (Madrid).

Obras Poeticas (Ventura de la Vega), in-18 raisin, pleine reliure maroquin La Vallière, avec mosaïque rouge et bleue.

L'endossure est bonne, le dos est un peu plat. La rognure est irrégulière.

La dorure est un entrelacé fantaisie grecque mosaïquée, comme il est dit plus haut, rouge et bleu. La mosaïque est tachée de noir probablement à la couchure. Elle manque de fraîcheur; les filets sont, par partie, enfoncés et manquent de brillant; les quelques courbes sont assez pures et sont les mieux réussies. A l'intérieur, lourde bordure et milieu sur fond bleu; dessin grandes courbes, terminées par des feuilles hachées. Ce dessin, un peu Groslier, est bien joli et assez réussi. Pourquoi cette bordure si lourde? elle gâte l'ensemble de cet intérieur.

Là doivent se borner nos explications, car nous ne savons (et l'employé ne peut nous renseigner) auquel de ces deux exposants les autres œuvres appartenaient, peut-être bien à un troisième ; et si nos renseignements ne nous avaient pas avertis que M. Genesta au moins avait exposé, il est probable que nous eussions passé l'Espagne.

Aussi engagerons-nous MM. Genesta, Martin ou autres, à prendre, à l'avenir, des dispositions qui permettent à ceux qui veulent se renseigner sur la valeur de leurs produits de pouvoir les distinguer, soit par une signature au livre, ou une pancarte qui ne laisse aucun doute.

CANADA

Cette ancienne colonie française expose un assez grand nombre de volumes reliés.

Les Canadiens, nous a-t-on dit, n'aiment pas les Anglais, dont ils subissent la domination, et, par esprit de race, repoussent systématiquement tout ce qui est anglais dans la forme et dans le goût.

Ces réflexions, émises à nous lors de notre visite à cette exposition, nous a fait rechercher l'historique du Canada, et voici ce que nous coupons dans le *Dictionnaire de Bouillet* :

« Le Canada a 1,800,000 habitants, presque tous d'origine française. J. Cartier remonta le Saint-Laurent en 1535, prit possession de tout le pays au nom de François 1er, et l'appela la Nouvelle-France. En 1608, Samuel Champelain jeta les fondements de Québec. Une compagnie française se forma, en 1617, pour exploiter la colonie. Les Anglais avaient déjà tenté plusieurs fois (1689-1711), mais inutilement, de s'en emparer. Après de nombreux combats, dans l'un desquels succomba le brave Montcalm, les Anglais finirent par conquérir tout le Canada, en 1759 et 1760. Il leur fut définitivement cédé, en 1763, par le traité de Paris.

« Le Bas-Canada est régi, en grande partie, par l'ancienne coutume de Paris, et les habitants ont encore conservé les mœurs françaises. Les habitants du Haut-Canada sont plus anglais. Des restrictions, apportées au commerce et à la liberté, ont excité de grands mécontentements, surtout dans la population française. En 1838 et 1839 éclatèrent des insurrections que l'Angleterre est parvenue à comprimer.

« Les deux Canadas ont été réunis en 1839. Le siége du gouvernement est dans le Haut-Canada. »

Aussi leurs reliures n'ont-elles rien de semblables à celles de la métropole. Elles se rapprochent plus du goût français du commencement de ce siècle. L'on dirait de la reliure de province faite par des relieurs qui, depuis longtemps, n'ont pas de rapports avec les grands centres de ce genre de production.

La majeure partie de leurs reliures riches, en maroquin plein, sont ornées de reliefs, dont les dessins emblématiques partent du bas du plat et représentent des lyres, croix ornées, palmes opposées surmontées de croix, etc.

Les reliefs sont dorés dessus et entourés de points variés à froid, poussés sur le fond du volume, au pied du relief, ou même sur le biseau du relief.

Ce genre n'est pas beau, mais enfin c'est original.

Cette exposition est de M. Desbarats, de Québec.

Une des plus riches reliures de cette exposition est l'*Inferno di Dante (Enfer du Dante)*, in-4°, pleine reliure en maroquin rouge et mosaïqué. Les gravures sont bien margées, le dos de ce volume est plat, les chasses trop grandes ; il est à dos brisé, la tranchefilure est remplacée par deux tranchefiles mécaniques en soie superposées l'une sur l'autre. Les plats sont ornés de larges reliefs formant cadre autour, et ovale ogivée au milieu ; les reliefs sont surmontés de filets en mosaïque verte, bleue, rouge, groseille et blanche qui s'entrelacent ; au milieu de l'ovale, deux initiales en lettres anglaises à filets mosaïqués magenta et rouge. C'est ce qu'il y a de mieux dans ce travail, car le fond du plat tout massé d'or, les lourds reliefs, cette macédoine de couleurs, chargent tellement ce plat qu'il lui retire son effet ; l'exécution en est imparfaite et manque de brillant ; le dos est encore plus mauvais. De plus, le tout est tellement fatigué et sali que l'on distingue à peine sous l'or la couleur primitive du fond. Nous pouvons affirmer qu'il n'a jamais été frais.

2° *Chants d'église* (in-4°), pleine reliure, maroquin vert, grain long ; le dos est plat, les chasses encore trop grandes, la tranche est ciselée. Ce volume est à dos fermé. Sur les plats, dessins reliefs dorés, formant entourage. Au milieu, grande lyre relief. Le bord du biseau de cette lyre est chargé de points ornés. Pourquoi ne pas s'être contenté d'orner le dessus du relief, sans encore en surcharger le biseau ? Cet ensemble est pourtant d'un aspect moins lourd que le précédent. Au contre-plat est un dessin fantaisie, formant quatre coins, filets isolés, et produisant un vide ovale. Au milieu, mosaïque magenta et blanc ; l'intérieur en vélin sur basane, et armes au milieu.

L'exécution, comme dorure, est la même. Le coup de fer n'est pas assuré, et le trop de chaleur se fait remarquer.

Les *Anciens Canadiens*, in-8° pleine reliure veau, dos plat, chasses trop grandes, carton trop épais, dos ferme. La tranche rouge de ce volume est dorée avec les fers dont on s'est servi pour l'ornementation des plats. Dorures fers tortillons assez bien réussies. Les roulettes, à l'intérieur, sont à l'envers.

Le *Foyer canadien*, recueil littéraire. Collection in-8°, pleine reliure chagrin La Vallière. A la dorure, les ornements sont beaucoup plus légers, de meilleur goût, et se rapprochent au moins un peu des genres employés depuis quelque temps; mais quel abus fait cet ouvrier de points creux et de grande dimension ; cela nuit à l'effet.

Une autre collection du même ouvrage, en demi-reliure, veau vert, à coins en même peau, dorée sur tranche, même corps d'ouvrage que tous les précédents. Mais quelle idée de couvrir les plats en toiles moirées de même couleur? L'emploi du papier marbré a toujours, à juste titre, été préféré à la toile ; le veau, ayant la surface unie, ne peut s'accorder avec une surface gaufrée. Du reste, ce n'est pas la première fois que nous voyons commettre cette erreur. Un certain relieur de l'Aube et ensuite de l'Yonne couvrait des plats de volumes en veau en toile chagrinée ; ce n'était rien moins qu'affreux et d'un goût détestable. Ces reliures sont à dos brisés. Il existe des toiles marbrées sans grain; il serait préférable de les employer.

Un registre, trois pattes, doré sur le plat, d'un bon goût, le dos de même.

Mémoires de Gaspe, chagrin bleu, carton biseau, dessin fantaisie, filets courbes accompagnés de petits fers, exécution très bonne.

Un Album, grand format, maroquin vert clair, large relief entourant le plat intérieur, coins arrondis; au milieu, en lettres carrées mosaïqué rouge, le mot *Album*. Comme ornementation du relief, emploi de petits fers, l'intérieur du plat est bordé par des branches courantes de vigne, de roses et de myosotis; le contre-plat est doré sur une grande largeur formant bordure et contournant; la garde; joli, et le tout est parfaitement réussi.

Pour nous résumer, nous dirons que le corps d'ouvrage, quoique solide, n'est pas élégant. Les dos sont trop plats, les cartons épais; la disproportion des chasses leur donne un aspect matériel. Beaucoup de ces volumes sont à dos ferme et les cartes à nerfs collées sur le dos. Il eût été préférable de coller les nerfs sans cartes, car ce procédé n'ajoute rien à la solidité, donne trop de fermeté au dos, et, de plus, lorsque vous fatiguez l'endossure, il arrive le plus souvent que cette carte se casse; de là des espèces de soufflets sur le dos des volumes. Ce défaut se produit quelquefois aux volumes cousus sur nerfs, lorsque les clefs n'ont pas été bien collées, ou lorsqu'à la couvrure la peau n'était pas assez enduite de colle; mais ici, par la suite, il est inévitable.

La rognure est régulière, tout en regrettant le défaut de trop grandes chasses.

La dorure sur tranche laisse à désirer sur tous les points; toutes gouttières dorées à plat, l'or est

foncé, les tranches gresillées et les feuillets collés;
les bords des gouttières sont rouges et les raccommodages ont été oubliés. Presque toutes les tranches sont dorées, formant des sauts aussi bien aux
bouts qu'aux gouttières. Partie de ce défaut est ap-
plicable à l'ouvrier, lorsqu'il prépare les volumes à
la couvrure. Quelques tranches ciselées, plus ou
moins originales, mais manquées comme résultat.

Un *Grand Registre*, déjà cité, tranche marbrée,
chiné blanc, fond bleu, bien fait, et quelques autres
également bien réussis.

A la couvrure, les peaux sont trop peu parées, ce
qui donne un ensemble assez grossier. C'est lourd !

Quelques gardes en soie ; mais le plus grand nombre est en papier de fantaisie, imprimées, dorées et
de couleurs, de plus, rembordées dans quelque cas
comme celles de soie.

La dorure sur cuir, comme nous le disions plus
haut, n'est pas exempte de blâme. Les titres ne sont
généralement pas beaux comme disposition; les
demi-reliures sont uniformes, quatre nerfs, filc-
tées à froid, sans chaleur. Sur les nerfs, des palettes
ornées or, fleurons or dans l'entre-nerf.

Les gaufrures des reliefs manquent de chaleur.
Malgré cela, en examinant les travaux de la colonie canadienne, on est frappé de l'intention artistique de l'exécution, tout en reconnaissant l'ignorance complète des genres appelés classiques. De
plus, tout nous porte à croire que ce doreur n'est
pas spécialiste.

Les matières premières employées à la confec-
tion de ces reliures sont excellentes.

Une remarque, les trois quarts des volumes exposés sont imprimés en français, et la typographie
est encore plus française que la reliure.

AUSTRALIE (Nouvelle Galles du Sud), Sidney

Reliures exposées par le gouvernement. Variété de reliures pleines en chagrin et en veau. Les cartons sont forts, les chasses grandes, tous défauts d'origine.

Dorures variées, proprement exécutées, mais dessins bizarres; enfance de l'art enfin.

Cartonnages en toile; reliures souples sans chasses ni gouttière, à la façon orientale, et particulièrement *une Collection Public Statuts of New South Walles*, petit in-folio, reliure pleine en veau fauve, carton biseauté. La couture n'est pas assez fournie de fil, ce qui a obligé l'ouvrier à forcer le dos pour obtenir une forme ronde, et encore, n'ayant pas assez de fil, le dos fait toit, en s'applatissant de chaque côté du dos. Il est effrayant de penser aussi à ce qu'à la couture l'on est obligé d'employer de gros fil lorsque l'on veut faire un dos rond, et faire un mors assez grand pour loger l'épaisseur des cartons !... des cartons qu'ont toutes les reliures d'origine anglaise. Les chasses de ce volume sont trop grandes ; la rognure est bien unie, là probablement est la cause pour laquelle l'on a laissé les tranches blanches à ces volumes. Les cartons sont biseautés, ce qui, à l'œil, diminue leur épaisseur.

N'ayant que cet ouvrage de bien marquant, nous généraliserons nos observations comme il est dit plus haut, corps d'ouvrages anglais, mais pourtant dos ronds.

Dorure sur tranche et ciselure. L'or est trop foncé. Aucun n'a les gouttières dorées creuses. Les ciselures sont irrégulières et gouttières plates (de l'oriental); des tranches de couleur vermillon toutes nuances. Mauvaise exécution.

La couvrure, très ordinaire, mais proprement faite.

La dorure sur cuir n'a rien de particulier, si ce n'est que les titres sont trop forts, ainsi que les ornements un peu lourds.

Malgré cela, le tout est fait proprement.

ROUMANIE *(de visu)*

Dans l'exposition de Roumanie, il ne se trouve que deux volumes qui attirent notre attention. Ils ont été reliés chez Buznea, à Bucharest.

Le premier in-4°, chagrin violet foncé. Le corps d'ouvrage est mauvais, ainsi que le travail de ciselure de la tranche ciselée et mosaïquée; la couverture est ornée de reliefs de mosaïque et d'appliques en métal, et, pour renchérir sur le tout, les reliefs sont surmontés d'un cordon de passementerie fixé, au moyen de clous, à tous les croisements de reliefs.

Le second, comme particularité, est doré sur tranches, et sous la dorure est peinte la carte de la Roumanie avec le portrait du prince régnant.

Nous ne devons pas être sévères pour ces travaux, car il est probable que les industriels de ce pays, privés des éléments pour produire quelques travaux de luxe, croient bien faire en employant de futiles objets sans valeur aucune pour nous.

Lorsque l'on se trouve dans ces conditions, il serait préférable de faire un travail simple plutôt que, par des ornements aussi disgracieux et mal accouplés, faire ressembler un livre à une boîte de bonbons de mauvais goût.

Un travail de reliure ne tire pas son mérite de l'ornementation extérieure seule ; il peut être bien fait et ne pas être doré. Ici, rien n'est bien, rien ne sauve l'autre.

ITALIE

—

M. OLIVIERI (Rome)

Dans la vitrine de cet exposant, nous remarquons deux volumes, les seuls sur lesquels nous croyons devoir donner des explications. Notre appréciation n'est faite que *de visu*, n'ayant pu obtenir l'ouverture de cette vitrine.

Le premier est un in-folio (*italienne*), vélin blanc, avec un cadre mosaïqué violet, large dentelle, les pointes en dehors ; l'intérieur du plat est rempli par un quadrillé de filets bleus dans les vides ; un point rond rayonné en or. Au milieu, l'on a réservé un octogone filets or et bleus, au centre duquel est une louve peinte, allaitant deux enfants, et le mot *Roma* en lettres carrées. Dans les quatre coins, sur le quadrillé, sont poussés quatre gros coins Renaissance, rejoints au bout par un culot, même genre, mosaïqué. Tout ce mélange ne manque pas de produire de l'effet, mais sans genre ; c'est du Renaissance, c'est du Louis XV, c'est du dix-septième siècle ; c'est le mariage de tous ces genres, mais qui certainement ne fera pas école.

Deuxième. Un in-4° vélin, aussi avec les armes du pape, tiré au balancier, mêmes coins que le précédent, relié par le même culot. L'ombre du gros filet qui relie les coins sur le plus grand écartement des coins, est mosaïquée seulement.

Le seul mérite de ces deux travaux est la propreté conservée au vélin.

Comme reliure, autant qu'il nous a été possible de voir, c'est lourd; le cachet est du commencement du siècle. L'on ne marche pas vite dans ce pays, et, pour l'ornementation, l'on préfère les choses voyantes, même de mauvais goût.

Dans l'exposition des Etats romains, nous voyons encore plusieurs volumes, espèces de *Missels*, n'ayant rien que de très ordinaire comme reliure, et ornés de dorures grossières.

TARDITI (Turin)

Un volume, *le Dante*, reliure genre amateur. Ce volume a dû être doré sur tranches à Paris. Les cartons sont trop faibles, la parure trop mince, les coins sont fermés à l'ongle, la tranchefile est remplacée par une comète.

Ce volume est couvert en maroquin rouge du Levant, grain écrasé; la dorure, pour la disposition du dessin, entrelacée d'un triple filet (dit filet antique), remplissage par des fers du même genre; puis, dans le tout, des petites croix, des larmes hachées, des étoiles, etc.; enfin, un salmigondis. L'exécution, comme dorure, n'est pas mauvaise, si on la compare à ce qui se fait dans ce pays. Le dos est bien en rapport. La large bordure intérieure est bien lourde; elle se compose d'abord d'une petite roulette quatre-filets et d'une large roulette seizième siècle; puis, appuyée presque sur la tête de cette roulette, une succession de rectangles se terminant par des demi-cercles s'entrelaçant aux angles. Pour former le coin prenant la forme d'une grecque simple au centre de chaque rectangle, un fleuron de quatre coups de fers. Beaucoup de travail, peu d'effet. C'eût été mieux réussi si ces rectangles et grecques avaient été enfermés entre la roulette bordée d'un trois-filets, et le quatre-filets posé sur le bord du carton, et surtout un trois-points ou dent de rat reposant sur le dernier filet.

Nous n'avons remarqué que ce travail à cette vitrine.

—

LOCATELLI (Venise)

Expose plusieurs reliures s'ouvrant à l'allemande c'est-à-dire très bien, trop bien même.

Un volume garni de plaques en bois, découpées à jour, sur fond de soie verte. Les plaques sont très bien. Les Italiens excellent dans le travail du bois.

Nous devons citer comme curiosité un volume, *Inauguration d'un monument à Danté Alighieri*, imprimé sur feuillets de bois excessivement minces, comme du papier fort, relié avec plaques de bois sculptées en guise de cartons, des gardes en feuilles de bois; enfin, le volume est entièrement en bois.

Parmi les reliures sans nom de l'Exposition italienne, nous remarquons comme excentriques de grands atlas, demi-reliures chagrin avec coins dont les mors et les coins sont ornés d'une large roulette de trois centimètres; au milieu du plat est poussé une formidable fleur de lys ornée. Les dos ont des doubles petits nerfs.

Publications, reliures, tout cela était un peu en tas dans cette section, et, eu égard au passé de Florence, nous espérions trouver de jolies reliures. Plusieurs siècles de décadence ont passé sur ce malheureux pays qui, aux quatorzième et quinzième siècles, recueillait les Grecs et les orientaux qui firent ces belles reliures que Groslier fît imiter et importer en France, et qui servirent de point de départ à notre école française de reliure. Si nous avons perfectionné l'exécution, nous n'avons pas surpassé les Florentins ou les orientaux comme richesse de dessin, et, pour s'en convaincre, il suffit de visiter la galerie Mazarine, à la Bibliothèque nationale. L'on verra aussi, dans d'autres bibliothèques, des exemplaires de belles éditions de Alde, de Florence, dont la reliure a été offerte à Groslier pendant son séjour à Florence, et qui sont supérieures aux Groslier première époque.

En voyant cette piètre Exposition, nous ne pouvons que former ce vœu : Que les relieurs italiens, jetant les yeux en arrière et admirant ce que leurs ancêtres ont su faire, se prennent de la *furia* de les imiter, de les surpasser, si c'est possible.

Qu'ils viennent prendre chez nous ce que nous leur avons emprunté aux quinzième et seizième siècles, et qu'ils refassent une école italienne dont l'école française sera avec plaisir sœur.

A la classe 12, une collection de petits in-18, édition traitant des sciences, reliés en vélin, fleuron mosaïqué au centre, très joli et très propre.

A la classe 6, demi-reliures de tous formats, chagrin rouge, janséniste et fleurons or assez bien soignés, quoique péchant un peu par les titres.

Nous n'avons pas pu connaître les auteurs de ces reliures.

TURQUIE

Il n'y a pas de reliure proprement dite dans l'exposition turque. Les volumes sont cousus et endossés ; le dos plat s'ouvrait parfaitement. La plupart

8.

sont enveloppés dans des étuis ornés comme la couverture du livre. La division du livre en gros cahiers les oblige peut-être à ne pas faire de dos.

Le relieur turc, d'après le livre que nous avons vu, procède de cette manière : Le volume est cousu comme une brochure, sans ficelles et rogné ensuite; puis un point de fils de couleur reprend les cahiers à chaque extrémité, et forme une tresse sur la tranche, en guise de tranchefile. Les cartons sont de la grandeur du volume. Pas de chasses. La couverture faite, le volume est emboîté dedans ; le dos, collé en plein, un onglet le fixe à la couverture, et aux reliures riches l'on colle un contre-plat de peau, sans doute pour dissimuler ce travail. La couverture a un rabat qui se replie sur le devant du volume, et, au besoin, peut se refermer sur la partie lue (Ne pas oublier que les volumes orientaux se lisent en sens inverse des nôtres), remplaçant ainsi le signet à quelques-uns. La couverture est en deux morceaux rejoints sur le dos.

Il y a quelque chose de chatoyant dans les dessins qui ornent les plats du livre turc : la richesse, la légèreté du dessin, le fond or sous lequel apparaissent des teintes bleue, rouge ou verte, les ors de différentes teintes, tout cela flatte.

Nous nous sommes demandé quel était le procédé employé pour ce genre de dorure : le manque de brillant, ainsi que l'absence d'enfoncé, nous a amenés à conclure que le procédé était la peinture à l'or, c'est-à-dire que le dessin était exécuté au moyen de l'or en coquille et fait au pinceau.

Presque tous les plats se composent, comme ornementation, de quatre larges coins plein or et d'un milieu dont nos milieux quinzième siècle ne sont que des copies. D'autres sont gaufrés comme avec une plaque galvanoplastique, et les dessins or toujours faits au pinceau après. Quelques-uns pourtant sont gaufrés par-dessus. Nous en voyons aussi dont le genre de dessin quitte l'oriental pour se rapprocher de notre époque et affecter le genre dix-huitième siècle (genre Garat), et au pinceau; ils ont dû précédemment être tracés avec une plaque guillochée, et quelques points ont été poussés à la main par notre procédé de dorure.

Les roulettes qui entourent les plats sont guillochées et recouvertes d'or mat de deux teintes.

Un Album in-12 carré, couvert en velours, avec une plaque argent niellé, style complétement oriental. Le dessin de cette plaque est joli et l'exécution admirable.

A part deux ou trois volumes, ce qu'il nous a été donné de voir n'était que des dessus de livres, des modèles de dorure. Ces exposants ont sans doute compris qu'ils ne pouvaient pas entrer en lutte avec les Européens pour ce que nous appelons la reliure proprement dite, le corps de l'ouvrage. A la couvrure, leur peau est peu parée et les coins fermés à l'ongle. La couvrure est faite avec de la soie.

Si parmi nos lecteurs il y en avait qui, trouvant notre explication insuffisante, désireraient être mieux renseignés, nous les engagerions à chercher les moyens de visiter la bibliothèque affectée à l'étude des langues orientales, au *Collége de France*, boulevard Saint-Germain. Là, ils verront tout ce qui pourra satisfaire leur curiosité ainsi que leur besoin d'études; ils pourront aussi constater que la doublure intérieure en peau du contre-plat a une riche reliure, est une imitation de ce qui se faisait en Orient.

A la section de l'Algérie, nous avons vu semblable travail. Nous avions l'intention de le traiter spécialement, mais, devant l'exhibition turque, nous croyons devoir réunir nos observations, qui seront en tout semblables. La seule différence est qu'en Algérie l'on avait exposé des livres. En Turquie, le grand nombre n'était que des plats, des modèles de dorure ; même observation pour l'endossure, la couture, la couvrure.

PONDICHÉRY ET ALGÉRIE

La première de ces deux colonies expose un *Manuscrit indien*, gravé sur feuilles de palmier. Par la façon dont ces feuillets sont attachés ensemble, y compris leur forme, l'on croirait de petites jalousies. Deux ficelles les traversent tous, ainsi que la couverture, plus épaisse. Les feuillets ramassés les uns sur les autres, les ficelles s'attachent et le volume est fermé : c'est du primitif au premier chef et c'est moins commode, selon nous, que la manière employée par les Romains qui, après avoir collé leurs feuilles bout à bout, les roulaient autour d'un morceau de bois plus ou moins orné. En Chine, la façon est à peu près la même.

Dans le travail moderne, l'*Algérie* expose, par la voie de M. *Bastide*, libraire-éditeur à *Alger*, des reliures à la façon française qui n'ont rien que de bien ordinaire. Aussi n'avons-nous pas de détails à en donner, si ce n'est un volume relié sans couture, au moyen du collage de chaque feuille, ce qui oblige à prendre deux exemplaires pour en faire un. Quel avantage y a-t-il ?

BELGIQUE

—

J. SCHAVAYE, relieur du roi des Belges, boulevard de l'Observatoire, Bruxelles.

La maison Schavaye a une vieille réputation : l'on peut dire, sans crainte de se tromper, qu'elle est la première maison de reliure de la Belgique ; elle est, pour ce pays, ce que sont les maisons *Trautz-Bauzonnet*, *Masson et de Bonnel*, les *successeurs de Capé*, *Chambolle-Duru*, etc., à la France ; une bien petite différence existe, qui fait qu'elle n'est pas l'égale de ces dernières.

Si nos renseignements sont certains, M. Schavaye, père du directeur de la maison actuelle, était ouvrier proprement dit ; il était apte, non-seulement à diriger, mais aussi à exécuter les travaux qui ont fait la réputation de son nom. Son fils n'avait pas été destiné par son instruction à continuer la maison de son père, lorsque des circonstances, dans lesquelles nous n'avons pas à entrer, le firent quitter l'emploi d'ingénieur pour remplacer son père, que son grand âge appelait au repos. Amateur seulement de belles reliures, il se mit à la direction de cet atelier, n'apportant que son goût, les avantages de la connaissance pratique du dessin et son ardent désir de maintenir la vieille réputation du chef de famille. Un des principaux coopérateurs, qui l'a puissamment aidé à arriver presque de pair avec les maisons en réputation à Paris, est un ouvrier *relieur* du nom de *Victor Verdelet* qui, sortant de l'atelier *Simier (Petit, successeur)*, est resté douze années consécutives dans cette maison.

Une partie des travaux exposés ont été, pour la reliure, faits par lui ou sous sa direction. Le nom de l'ouvrier doreur employé dans l'atelier nous est inconnu, et nous regrettons de ne pouvoir le signaler, car il a une bien grande part comme exécution dans les travaux exposés.

Molière, à des reproches d'avoir pris des sujets de ses comédies dans des auteurs étrangers, répondait : « Je prend mon bien où je le trouve. » M. Schavaye pourrait dire : Je trouve une idée émise devant moi ; bonne, je m'en empare et je la mets à exécution ; c'était à vous de garder votre idée, de ne pas me la soumettre.

Car sa collection de livres exposés sous la dénomination d'*Histoire de la reliure*, de l'an mil quatre cent jusqu'à nos jours, l'idée de présenter par des livres reliés de chaque époque ne lui appartient pas en propre. Un ouvrier français de passage à Bruxelles, en 1864, ayant eu le plaisir de s'entretenir avec lui de la reliure, lui disait : « Mon grand désir serait, si mes moyens me le permettent, et je l'espère, pour la prochaine Exposition française, de faire au figuré l'histoire de la reliure, c'est-à-dire de relier autant de volumes qu'il a été fait de genres de reliures, les faisant suivre et les surmontant chacun de la date correspondante. » Ce qui était un vœu, M. Schavaye s'est chargé d'en faire une réalité, ce qui a un peu surpris l'ouvrier en question et lui a fait promettre d'être un peu plus discret à l'avenir pour les projets qu'il pourra faire.

Mais revenons à notre critique. M. Schavaye a voulu présenter au public des imitations des reliures qui ont été faites depuis le quinzième siècle, mais, pour justifier le titre d'*Histoire de la re-*

liure, il était indispensable que tous les genres de reliures y fussent représentés fidèlement, et nous ne voyons pas qu'il en soit ainsi ; de plus, la collection est loin d'être complète.

Le corps d'ouvrage est assez bien imité, sauf quelques volumes dont les dos sont trop ronds pour l'époque qu'ils représentent.

Pourtant l'*époque monastique* ou *des Incunables* domine dans cette exhibition, et ils satisferont beaucoup plus un amateur, même un connaisseur, que les « imitations (selon M. Marcus Ward, de Dublin) perfectionnées du genre des reliures qui se faisaient dans les monastères irlandais. » Ils sont en veau ou en peau de truie, ce qui est parfaitement juste ; comme biseautage de carton et gaufrage, très bien. Mais pourquoi les remplis des coiffes font-ils bosse ? c'est trop d'imitation, et les nerfs sont exagérés de grosseur à quelques volumes. Puis, comme nous l'avons déjà dit, ce n'est pas complet. L'on pourra reprendre cette idée en sous-œuvre pour la compléter.

Comme chez MM. Gruel-Engelmann, Mame, etc., s'il y a autant de reliures dans cette vitrine, c'est parce qu'il y a été joint celles déjà faites et exposées en 1862. Nous appliquerons nos premières observations, touchant ces réexpositions, à cette maison ainsi qu'à toutes celles qui sont dans le même cas.

Vie de Thomas Plater, incunable. Les nerfs sont trop forts ; imitant l'ancien on peut l'améliorer ; ici, c'est le contraire que l'on a fait. Le gaufrage est bon, l'imitation comme dorure ne laisse rien à désirer. Il faut reconnaître à la Belgique la science de l'imitation de ce genre qui date du commencement de l'imprimerie. Quelques manuscrits, à une époque peu antérieure, étaient habillés de cette façon.

Des amateurs belges, dont les principaux sont MM. De Theu, Vandraghen, d'Arenberg, etc., affectionnent ce genre et font revêtir des éditions de 1500 de cette reliure. Le dernier possède même une collection de fers et de plaques authentiques, qu'il met à la disposition de ces messieurs en cas de besoin.

Lettres initiales historiques, petit in-folio maroquin rouge. Dessins entrelacés Groslier, mosaïqué noir, jaune, gris et blanc peint; parfaitement réussi comme dorure. L'endossure est bonne; mais, à la rognure, les bords sont trop étroits et les chasses trop grandes en tête.

Imitatione Christi, in-64.

Le corps d'ouvrage de ce volume est très bien exécuté. Le dos a une belle forme.

La rognure est bien droite, les chasses régulières et bien proportionnées.

La couvrure bonne.

A la dorure, le plat est entouré d'une série de points creux mosaïqués bleu. De l'intérieur partent des petites voluptés jaunes, deux grandes étoiles dont le centre est rouge. Toute cette mosaïque est peinte au contre-plat. Une petite dentelle fantaisie, composée de fers pointillés, parfaitement réussie. Le plat n'est pas sans reproche comme goût.

Catalogue de la bibliothèque de la Chambre des représentants, déjà exposé en 1862, maroquin rouge pour la couvrure. Le maroquin est paré trop mince sur les bords, les nerfs ici sont trop faibles.

Le contre-plat vert dépasse le volume et se voit sur les chasses; de plus, il fait bosse sur le rempli de la couverture.

Aux volumes *Hommage du poëte à l'artiste*, les chasses de la gouttière sont plus étroites que celles des bouts; c'est tout au plus le contraire qui devrait exister.

Annuaire anathopédique. Le dos est légèrement de travers, la gouttière n'est pas assez creuse.

M. Schavaye a eu l'idée d'incruster, dans un plat des volumes composant son *Histoire de la reliure*, une *couverture gaufrée* ayant appartenu à un livre de l'époque incunable; l'incrustation est bonne et sa vue prouve la vérité d'imitation de ceux qu'il présente au public.

Bien d'autres volumes sont dans cette vitrine, quelques-uns appartenant à la famille royale; ils ont de belles dorures, mais pas assez caractérisées pour en faire une description particulière à chacun. Les intérieurs, toujours dorés au moyen de fers pointillés, sont parfaitement réussis et bien propres. La dorure est nourrie, a du brillant, enfin est consciencieusement faite.

Malgré les défauts que nous avons signalés, la vitrine de cet exposant est la plus curieuse au point de vue de la variété des travaux, et celle où les reliures sont le mieux exécutées.

—

MASSARD, place Saint-Paul, à Liége.

Comme cachet français, M. Massard est celui qui marche après M. Schavaye; du reste, sa vitrine était à côté. Le doreur de M. Massard, si nos renseignements sont vrais, est un ancien apprenti de la maison déjà citée; puis M. Massard a travaillé chez Kauffmann, à Paris. Il y était venu afin d'apprendre comment s'exécutent les reliures parisiennes. Avant de venir à Paris, il avait travaillé

9

chez M. Schavaye ; il n'y a donc rien de bien étonnant à ce que M. Massard, dans son exposition, se rapproche de son compatriote et de la façon de faire de la nation qui l'a, pendant quelques années, reçu parmi les siens. Comme son maître d'apprentissage, M. Massard fait figurer dans sa vitrine des produits qu'il a déjà exposés à Liége, en 1864. Nous nous abstiendrons d'en parler, parce que nous avons appris que l'un des délégués avait coopéré à ce travail ; pourtant nous pouvons reprocher à cet exposant de ne pas s'être donné la peine, au moins, de laver, et rafraîchir ces deux volumes : la peau, aux bords, est effleurée ; la chaleur des doigts marquée sur le poli de la peau, tout cela eût pu être dissimulé. Ceci dit, passons à l'examen des travaux de cette maison.

L'Enfer du Dante, in-folio, pleine reliure maroquin du Levant rouge poli, extérieur janséniste. L'endossure de ce volume est de travers ; il s'ouvre jusqu'au fond des cahiers, il n'a pas de solidité, il est sur le point de se casser ; la rognure est bien faite, les chasses bien proportionnées, l'épaisseur du carton en harmonie avec la force du volume, la parure est irrégulière, principalement aux contreplats. L'intérieur ou contre-plat est vert, il est bordé par une large dentelle inutilement trop lourde ; au milieu, un dessin filets courbes qui est assez bien réussi et complétement séparé par un entourage dent de rat, sans que cette dent repose sur un filet. Le bord, au lieu d'un filet ou deux filets simples, est terminé par un huitième de bout de filet, comme on les faisait au seizième siècle sur les reliures monastiques (palette de bords).

Vie de Jésus (Renan), dentelle sans genre et sans brillant.

L'Espagne historique, chagrin rouge poli mosaïqué vert; la mosaïque semble avoir été appliquée sans être parée, tant la parure est insuffisante; les filets qui la bordent ne sont pas francs et trop enfoncés.

Et, pour nous résumer, répétons que l'endossure est molle, sans solidité; les volumes s'ouvrent trop bien, la rognure est passable, le choix du carton est bon comme épaisseur relative; la couvrure très ordinaire, touchant la parure aux volumes riches qui ont de larges dentelles, la partie sur laquelle elle repose est ornée de bosses produites par une parure mal assurée et inégale.

La dorure des demi-reliures est préférable, quoique encore trop chargée. Ainsi, sur l'*Histoire de Jules César*, il suffisait dans l'encadrement des quatre coins et du milieu sans faire croiser à l'intérieur un losange à perles; c'est imiter le dix-huitième siècle dans ce qu'il a de mauvais, c'était à peine suportable à l'époque Bozerian; mais les coins et le milieu étaient très légers et permettaient cette addition, les volumes étant sans nervures. Soit que le matériel de M. Massard soit insuffisant, soit un défaut dans la façon de comprendre de son ouvrier doreur, toujours est-il qu'aux dentelles façon seize et dix-septième siècles, l'inverse doit exister, c'est-à-dire que les angles doivent dominer sur le corps de la dentelle, et quand on a des vides aussi grands, il faut les remplir par de petits motifs, points creux ou pleins. Il n'y a qu'aux plats Derome et aux Pasdeloup que les côtés semblent plus larges, parce qu'ils se renflent au centre, c'est le dix-huitième siècle.

En somme, cet exposant a fait des efforts qui n'ont pas été couronnés d'une complète réussite.

Qu'il persévère, qu'il observe bien ce qui se fait, qu'il se rende compte par où il pèche, en visitant les collections des amateurs qui l'entourent, et bien sûr, à une autre Exposition, il apportera un travail sinon parfait, mais supérieur au moins à celui-ci.

—

VAN CAMPENHOUT frères et sœurs
(Bruxelles)

Expose des demi-reliures : une collection du *Magasin pittoresque* et un *Buffon*. Les dos sont plats, sans solidité; la rognure est bonne; la couvrure, tout ce qu'il y a de plus ordinaire, ainsi que la dorure.

—

BREPOLS et DIERCHIN (Tournhont).

Exposition de *Paroissiens*. Les dos sont trop plats, les chasses sont trop grandes et irrégulières, la couvrure est mauvaise.

Rien de remarquable à la dorure.

—

CASTERMAN (Tournai).

Grand nombre de reliures sans élégance et mal exécutées. Dorure trop courante, des mosaïques criardes, de l'or noir, des fers enfoncés et peu d'aplomb.

—

DESSAIN (Malines).

Exposition de *Missels romains*, dits *de Malines*. Le corps d'ouvrage est un peu lourd et manque d'élégance; mais ce sont de solides reliures qui, pour la plupart, doivent traverser les mers. Elles sont toutes cousues sur nerfs. Les dorures sont éclatantes; il faut qu'elles miroitent aux yeux des néophytes du Paraguay ou autres. Elles sont lourdes. La plupart sont faites au balancier. Une seule est assez jolie, une face de Christ dans un médaillon. Nous en avons remarqué un en chagrin rouge, petit format, avec une composition de fers Renaissance rattachés par des filets, dos encadré dans les entrenerfs. Ce sont des volumes que M. Magnin, correspondant à Paris, fait faire dans cette ville. Nous nous abstiendrons d'en parler, un des nôtres travaillant dans la maison où se fait ce travail.

Th. LELONG (Bruxelles).

Librairie, Reliure, Albums, Maroquinerie, etc.

Selon nos renseignements, cette maison fait faire tous ses travaux dans la prison de Vilvorde, où elle a monté un atelier qui a même été dirigé par un ancien contre-maître de M. Lesort et de M. Grumel. Il nous a même été raconté, et nous ne voulons pas le croire, que, pour parer aux désagréments de faire toujours de nouveaux élèves par suite de l'expiration du temps de la peine infligée aux prisonniers, qui leur rendait la liberté, de concert avec l'administration, lorsqu'un détenu était considéré comme indispensable à l'atelier, on trouvait toujours le moyen de le prendre en défaut; on lui infligeait une nouvelle peine. De cette façon, on l'avait toujours sous la main. Ceci serait arrivé plusieurs fois à un détenu qui avait beaucoup de capacité pour la dorure ou gaufrure au balancier.

Cet agissement serait monstrueux, aussi nous n'y

croyons pas et ne le relatons que sous toutes réserves.

Comme exposition, des Paroissiens en grand nombre et à très bon marché, et c'est justice, car ils sont assez mal faits. Le corps d'ouvrage est défectueux, les dos sont irréguliers, bossus et trop plats; les chasses sont trop grandes et inégales, la pliure du blanc est mal faite, les gaufrures bien ordinaires ainsi que les plaques en or.

Ce qui attire notre attention comme sortant de l'ordinaire de cette maison, c'est un *Livre d'heures*, maroquin poli La Vallière; chiffre du Christ aux angles et fleur au milieu; ce fer est doublé, l'or est terne et pas nettoyé, à l'intérieur une dentelle composée d'une roulette sur le pied de laquelle s'appuie une dent de rat sans filets entre; c'est d'un bien mauvais effet et sans genre, le polissage est manqué.

Demi-reliures en chagrin vert clair, les encadrements, composés d'un deux-filets or, pincent les nerfs. Pourquoi ne pas avoir pincé les nerfs d'un filet fin à froid, et mettre le deux-filets au bord de ce filet fin, puis des pièces polies avec des encadrements or? Les titres sont mauvais et pas compris.

Un *Buvard orange*, dessin géométrique, filets gras à froid, c'est-à-dire vernis et bordés d'un filet or de chaque côté; ce travail de dorure papeterie (commerce) est réussi et prime le genre courant de Paris.

Puis des *Albums photographiques*, à des prix très modérés, mais inférieurement conditionnés.

Des *Paroissiens ivoire* à bon marché. Le montage est assez bien exécuté, sauf la difficulté de l'ouverture, mais c'est inhérent à ce genre de produit.

MATIÈRES PREMIÈRES

Parmi les vitrines des exposants belges, nous avons remarqué un fabricant de papiers marbrés, ANTOINE VAN GENECKTEN, à Turnhont (province d'Anvers), qui présente de magnifiques échantillons de papiers peignes, qui peuvent rivaliser avec ceux fabriqués à Paris ou en Angleterre, et des papiers pour plats, façon allemande, qui peuvent aussi, pour le fini, soutenir cette concurrence ; quant aux prix, il ne nous a pas été possible de les connaître, aussi devons-nous borner là nos appréciations.

La Belgique a aussi la spécialité de la préparation des veaux nature, pour la reliure.

Les cartons que nous avons vus n'ont rien de supérieur.

Lorsque l'on a besoin dans ce pays de maroquins de choix, on se les procure en France.

ANGLETERRE

AVANT-PROPOS

Après la France, c'est l'Angleterre qui nous apporte la plus grande quantité de reliures. Mais nous devons constater que la majeure partie des monceaux de livres exposés ne sont pas des reliures de concours, ce sont plutôt des expositions de bibliothèques ou des étalages de libraires que des expositions de reliures.

Les livres sont serrés les uns contre les autres, dans des meubles en bois noir à casiers horizontaux, tournant sur un arbre pivot, destinés à être placés au milieu d'une pièce (chambre ou cabinet), que nous appellerions, en français, bibliothèque ou cabinet d'étude.

Ces expositions sont sans doute des exhibitions de libraires, et nous n'examinerons les reliures qu'elles contiennent que pour pouvoir juger de celles du commerce anglais, en général, ce que nous ferons, après avoir examiné les quelques vitrines exposées véritablement par des relieurs.

Celles de MM. Zaehnsdorf, Ramage et Hamon, réunies dans un même groupe, attirent tout d'abord notre attention par leur ensemble et leur bonne apparence ; c'est par celles-là que nous allons commencer.

—

Maison ZAEHNSDORF, Londres, Bridge street, 32 (Covent Garden).

La Sainte-Bible, reliure pleine La Vallière. Ce volume est cousu sur nerfs. La couture, faite sur deux petits nerfs accolés, réunit la bonne ouverture et la solidité, en même temps que la juste proportion avec la grandeur et la grosseur du volume. Les cartons sont trop épais, le dos est trop plat ; il s'ouvre bien. Les chasses ou bords sont trop grands.

La dorure sur tranche est faite à gouttière creuse. Elle est belle, se feuillette bien ; seulement le ton rouge de l'or, auquel nous ne sommes pas habitués, nous choque, et semble donner à l'or un ton de cuivre. En France, pour les belles dorures, nous employons l'or citron. En Angleterre, l'or est rouge, mais ce ton est encore augmenté par une préparation que nous devons expliquer.

Après que le volume est gratté et prêt à être doré, l'ouvrier étend sur les tranches une couche de cinabre ; cela donne à l'or un aspect plus vif qui, pour nous, est dur, mais que pourtant ils préfèrent.

La couvrure est bonne, la doublure ou contreplat dépasse et se laisse voir autour, le volume étant fermé ; cela fait un fâcheux effet. Elle doit toujours, autant que possible suivre, la grandeur du texte et laisser les chasses complétement recouvertes par le rempli de la couverture. Si l'on n'est pas sûr de mettre le contre-plat absolument de cette grandeur, il vaut mieux la laisser un peu plus petite, de façon que le volume étant fermé, on ne puisse l'apercevoir.

Il est vrai, comme nous l'avons dit plus haut, les chasses sont trop grandes, de telle sorte que si l'on avait suivi notre principe, l'on se serait trouvé empêché pour l'ornementation du contre-plat, qui reproduit le dessin extérieur.

Les cartons sont arrondis sur les bords beaucoup trop brutalement, ce qui donne un aspect grossier aux cartons. Ce dernier défaut se reproduit au volume *Jerusalem explored*.

La dorure sur cuirs de ce volume est d'une grande complication et se rapproche comme dessin du *Missale romanum* de la vitrine Lesort. Couvert en maroquin La Vallière, il est mosaïqué La Vallière foncé ; sous la guirlande, grand branchage qui entoure le plat, qui elle-même est mosaïquée vert clair avec fleurs solférino, d'un très bon effet ; croix grecque aux angles ; au milieu du plat, une couronne d'épines (des Tables de la loi ou le Delta pour une Bible eût été préférable) bordée de noir sur fond La Vallière clair ; le dos est complétement en rapport avec le plat et la dorure est bien réussie.

Le contre-plat est la reproduction du plat extérieur ; même guirlande sur fond magenta mosaïqué vert clair avec fleurs bleues ; l'intérieur du contre-plat est rouge avec le chiffre du Christ, même genre de dessin mosaïqué vert clair et fleur bleu azuline. Pourquoi sur une Bible le chiffre du Christ ; il fallait un attribut biblique et non l'emploi de ceux du Nouveau-Testament.

Comme exécution, l'intérieur de ce volume est moins bien réussi, sous le rapport du coup de fer, que le plat extérieur ; mais l'agencement des couleurs de la mosaïque est parfait et produit un excellent effet. Cependant nous regrettons encore les grandes chasses, le volume étant fermé, elles laissent ressortir le dessin du corps du volume : il n'aurait pas fallu employer celui du plat extérieur, ce qui eût permis de faire une large bordure qui aurait rempli tout l'espace entre le bord du livre et celui du carton.

Atala — René (Edit. Hachette. Paris) , in-folio , pleine reliure, maroquin bleu, dessin *Maïoli*, mosaïqué de plusieurs couleurs.

Ce volume est cousu à la grecque, le dos brisé adhère trop au dos du volume et l'empêche de s'ouvrir avec facilité ; ce défaut, comme en France, est extraordinaire pour les reliures anglaises, qui s'ouvrent généralement trop bien. Les cartons sont trop forts, le dos est plat, les chasses toujours démesurément grandes. Les gravures sont mal margées et n'ont pas assez de marge sur le devant.

La dorure sur tranche, gouttière creuse, est pelucheuse ; elle blanchit. Quoique n'étant pas un défaut général, il se représente assez souvent dans les belles dorures faites à l'étranger, ou du moins dans celles pour lesquelles on a dû prendre beaucoup de soin pour leur exécution. Cela doit tenir, soit à un encollage trop fort, ou à ce que l'on ne connaît pas l'emploi du papier de verre comme fini à donner à la tranche après le grattage. Cette façon enlève ce que ne peut faire le grattoir, lui donne le poli, et fait disparaître toute peluche. Son emploi est reconnu indispensable, depuis quelque temps, dans tous les travaux soignés.

Comme préparation à la couvrure, les nerfs du faux-dos sont trop forts. La couvrure est bonne, mais la garniture intérieure, ou contre-plat, n'est pas suffisamment parée, de façon qu'elle se fonde avec les remplis de la couverture. La parure a dû être faite à biseau, afin de laisser la chair à la peau ; mais le coup de couteau est trop vif, ce qui forme une saillie très regrettable. Du reste, la parure, en Angleterre, se fait au couteau allemand, et le bord de la peau n'est que filé, les peaux, à cet effet, étant préparées et amincies au drayage. La parure à la manière française est, nous le croyons, préférable ; avec notre couteau à parer, nous sommes bien plus maîtres de faire subir à la peau la transformation qu'elle doit avoir pour faire une bonne couvrure, et le pareur intelligent laisse toujours au mors assez de chair pour ne pas sacrifier la solidité à l'élégance.

La dorure sur cuir de ce volume, comme dessin, est du genre. Maïoli (pur) la reliure couverte en maroquin bleu azuline est mosaïquée rouge, La Vallière clair et blanc ; l'effet est criard, la mosaïque n'est pas juste, l'exécution est imparfaite par des cassures dans les filets, et le coup de fer moins assuré. La large dentelle de l'intérieur par sa bonne exécution rachète l'extérieur.

Don Quichotte, pleine reliure maroquin couleur orange avec mosaïque verte et violette. Les gravures, comme le précédent, sont mal margées ; le dos est plat, les chasses trop grandes et quoique à dos brisé, il s'ouvre difficilement. La dorure sur tranche laisse beaucoup à désirer. La couvrure n'est en rien supérieure au précédent ; et nous n'avons pas de particularité à signaler pour la dorure sur cuir.

APERÇU GÉNÉRAL DES TRAVAUX

Comme appréciation générale du travail. nous nous trouvons, jugeant les travaux faits en Angleterre, devant une presque impossibilité, car la reliure anglaise fait un peu école et les relieurs de l'autre côté du détroit ont conservé des formes que nous avons abandonnées, et qui cependant doivent plaire à ceux pour qui elles sont faites.

Nous les jugerons donc au point de vue français et aussi au point de vue que nous croyons préférable ; il n'est pas nécessaire, pensons-nous que l'ensemble d'un travail ait l'air lourd, pour être solide. Du reste, la fin de notre examen prouvera que nous reconnaissons que cet exposant s'est éloigné du genre classique anglais pour se rapprocher de celui que l'on peut hardiment appeler français, et qui prime par son élégance, sa légèreté, sans pour cela que la solidité soit sacrifiée : nous parlons des travaux faits par les bons faiseurs.

Ainsi, dans le corps de l'ouvrage, les dos sont généralement plats, surtout aux formats qui dépassent l'in-12 ; au-dessous, les dos sont d'une bonne rondeur, ce qui n'empêche pourtant pas l'endossure, dans son genre. d'avoir été soignée dans toutes ses parties ; les dos sont bien droits, bien unis.

La rognure est également bien correcte ; les chasses sont trop grandes; les cartons trop épais pour les formats, ce qui donne à ces reliures un aspect lourd et peu élégant.

Généralement aussi le travail n'est pas suivi, quelques volumes s'ouvrent bien, trop bien (à dos brisé ou dos collé), d'autres, au contraire, s'ouvrent durement.

La vitrine de cet exposant contient aussi des volumes cousus sur nerfs, dont le corps de l'ouvrage est d'une bonne exécution. Pourquoi, puisqu'il réussit ce genre, ne conseillerions-nous pas à M. Zaenhsdorf ce mode de couture pour les grands formats? N'est-ce pas le meilleur pour la solidité et la facilité de l'ouverture? Puis, le plus souvent, pour consolider le dos des grands formats, on colle force papier et même les faux dos, et l'on arrive tout simplement à en gêner l'ouverture.

Ce genre de travail a-t-il été exécuté par deux ouvriers différents, ou le même a-t-il voulu faire deux genres de travail?...

Il n'est pas nécessaire d'être francophile ou francomane (je ne sais pas quel est dans ce cas le meilleur), pour constater la supériorité de l'exécution de la dorure sur tranche française, non seulement sur l'Angleterre, mais sur les autres pays représentés à l'Exposition de 1867.

Aux belles dorures sur tranches françaises, le ton de l'or est d'un beau jaune citron, le poli, le bruni y est éclatant, la tranche se feuillette bien, la marbrure, soit peigne, soit tortillon, sous l'or au grand nombre donne quelque chose de chatoyant à l'œil, lorsque l'on renverse le livre pour le feuilleter.

En Angleterre, l'or employé est rouge, c'est-à-dire a teinté de cuivre; ce n'est pas beau pour nos yeux, nos voisins probablement aiment ce ton..Qui a raison? « Des goûts et des couleurs il ne faut pas discuter » dit un vieux proverbe. Mais cela ne dispensait pas de produire un travail plus complet, car la tranche mate laisse voir les raccommodages, le grain du papier, puis des tranches où les coins manquent d'or. Nos relieurs de province ne font pas plus mal, c'est à croire qu'il n'y a pas de véritables doreurs sur tranches à Londres.

Un seul volume, tranche marbrée dorée, dans toute l'exposition anglaise, que nous avons examiné *de visu*; et encore imparfait (appréciation générale à toute l'exposition anglaise).

Pour la couvrure, il est impossible d'arriver à la faire légère avec les défauts accusés plus haut : les grandes chasses, les forts cartons, forcent à faire une grosse tranchefile, il s'ensuit que, pour égaliser l'épaisseur des cartons grossis par une forte peau pour couvrir la tranche file, les coiffes sont forcément larges.

Les cartons sont arrondis sur les bords beaucoup trop brutalement, ce qui donne à ces derniers un aspect grossier, ce défaut s'affirme principalement au volume : *Jerusalem explored*, les coins extérieurs ne sont pas légèrement arrondis comme aux dernières reliures parisiennes (voyez Lesort, Gruel. Engelman) soignées ce système est incontestablement bon à employer, ainsi que la parure amincissant la peau à un centimètre du plat à la surface et en mourant.

Malgré les critiques qui précèdent, lorsque nous nous sommes trouvés en face de cette vitrine, le cachet extérieur de tous ces travaux nous fit presque croire que nous n'avions pas quitté la France, et que nous allions examiner des travaux faits par un de nos compatriotes, tant la touche, comme dorure, était française.

De plus, cet exposant avait eu la bonne idée d'accuser, par une étiquette, les genres de dorure (soit comme dorure, soit comme marbrure) des classiques qu'il avait voulu imiter, pourtant pas toujours.à la lettre.

Ainsi le *Taylor's holy day* est une imitation d'un genre incunable (ou monastique) assez bien réussi, comme exécution, sur un veau fauve, mais dont le dos, trop chargé de gaufrures, a le tort d'avoir une pièce rouge et un titre sur le dos, d'être verni, ce qui ne se fait pas pour n'importe quelles gaufrures soignées, qui doivent tirer leur brillant seulement du coup de fer, et les biseaux des cartons pas assez accusés pour ce genre.

Pourtant l'on a eu la bonne pensée de ne rien mettre à l'intérieur comme bordure. Aux incunables, nous nous répétons, il n'y a jamais d'ornementations sur le dos. Selon le format, trois, quatre, quelquefois sept ou huit nerfs, un filet sans or sur les nerfs, et à côté, qui efface la trace du fouettage à la couvrure; la contre-garde, en parchemin, doit être cousue par un onglet avec le premier cahier (voir Lesort, France). Ceux de la dernière époque avaient une toute petite fleur, en forme de losange, dans l'entre-nerf à froid. C'est alors seulement que commence à apparaître le titre d'abord à froid.

La tranchefile était faite en même temps que la couture; le fil, au lieu de s'arrêter à la chaînette comme à la façon moderne, tournait autour d'un petit nerf rond, qui était tendu, comme ceux du dos, en tête et en queue, ce qui facilitait l'alignement des cahiers.

Les ais (1) épais au milieu de près de 1 centimètre
et terminés sur les bords par un biseau quelquefois
rond, le plus souvent à vif et d'une largeur de 2 centimètres; l'on en rencontre aussi dont le biseau ne
prend que le tiers central de la longueur et de la
largeur du devant et des bouts; les coins ont toute
l'épaisseur des ais.

L'on remarque à certains des tranchefiles exté-
rieures qui sont de véritables, de vrais travaux de
selliers, et cela s'explique par la nécessité d'une
exécution solide pour l'usage (voyez Bibliothèque
de l'Arsenal, Paris); de grands in-folios mis dans
des casiers, extraits par la main qui les saisissait
par la coiffe, et de plus, le volume ouvert sur de
gros pupitres, portait sur ce travail, ce qui ména-
geait l'usure de la peau en même temps qu'il consolidait la couture.

La tranche nue : la couvrure le plus souvent en
peau de truie ou veau à l'écorce. C'est une erreur
de les faire en maroquin du Levant, même écrasé
et sans brillant; les fermoirs en lanières, etc.

Voilà, d'après les recherches que nous avons faites
aux bibliothèques et principalement celle qui possède les riches collections des moines de Saint-
Maur, ce que nous pouvons affirmer pour la façon
d'imiter le genre incunable ou monastique.

Pour revenir à notre examen, nous trouvons ensuite un Groslier, grecque, assez correct; un bleu
azuline, dentelle Legascon, avec un fer vide dans les
angles, mosaïqué rouge; un Derome, très joli; un

---

(1) Planches de bois, remplacées par la suite par des
euilles de papier collées les unes sur les autres et battues
au marteau à battre, puis après par des cartons de fabrication étrangère à la reliure.

Vénitien, sur fond orange mosaïqué ; un quinzième siècle, l'écusson est trop enfoncé, ici l'imitation est trop sincère ; un Shakespeare, genre Fanfare, bien réussi ; *Jerusalem explored*, genre monastique, le plat est du genre, mais le dos est d'une mauvaise fantaisie, bordure et bords en or. Pourquoi ?

Un florentin primitif, mosaïqué noir sur La Vallière clair.

Puis enfin, et nous en passons, un Groslier pur, très pur, sans titre sur le dos ; le titre, sur le plat, dans le vide du milieu. C'est là le vrai genre. Il nous a été donné l'avantage de visiter la réserve de la Bibliothèque impériale (1868), plaisir que nous avons dû à l'obligeance de M. Richard, un des conservateurs. Là, nous avons touché des Aldes à la reliure de M. le président Groslier, authentiques, et aucuns ne sont autrement disposés.

L'ensemble, comme exécution de dorure, laisse peu à désirer. Tout ce travail est classique et complet (il manquait pourtant Bozerian), artistique et consciencieux, et peut satisfaire bon nombre de connaisseurs et d'amateurs.

Et enfin, pour terminer, des Livres d'offices, petits formats, reliures souples ; des volumes en veau et mouton (basane), racinés, jaspés et porphyre, très bien faits. Les veaux, gris mat ou marbrés, ont les cartons biseautés très élégamment.

Merci à cet exposant de nous avoir montré un ensemble de travaux qui, par la place qu'ils occupent entre le genre anglais et français, pourrait s'appeler en Angleterre le genre de transition.

Comme coopérateurs aux travaux exposés de cette maison, nous ne connaissons que M. Louis Gent, doreur sur cuirs, que nous croyons élève de M. Gruel-Engelman, rue Boissy-d'Anglas (Paris), et en dernier lieu ouvrier chez M. Marius Michel, rue du Four-Saint-Germain (Paris) ; il travaille depuis environ sept années dans cette maison. C'est à lui que nous attribuons le cachet presque français d'une grande partie des travaux.

Nous regrettons que M. Zaenhsdorf n'ait pas cru devoir suivre l'exemple qui avait été donné par plusieurs grandes maisons exposantes, de mettre dans sa vitrine un tableau avec les noms de ceux de ses ouvriers qui l'avaient aidé et assez secondé pour pouvoir produire et présenter une œuvre aussi capitale. Cela ne lui aurait nui en aucune manière, au contraire, et eût accusé chez lui un esprit de justice ; car il n'entre dans l'esprit de personne qu'un chef de maison fait son exposition par lui-même.

Loin de nous l'idée de donner une leçon à cet exposant, mais nous espérons que ce précédent, produit par la maison Barbedienne, Boucheron et Ce, sera suivi non-seulement par lui, mais par ses confrères anglais, à une prochaine Exposition.

Cet exposant, nous a-t-on affirmé, travaille par ses mains ; il est plus à même de comprendre ce que nous lui conseillons plus haut. A chacun selon ses œuvres.

L'atelier de M. Zaenhsdorf, situé dans Covent-Garden (Bridge street, 22 ou 32), occupe un nombre assez grand d'ouvriers et d'ouvrières ; nous pouvons le classer parmi les maisons de premier ordre comme soins de travail.

—

RAMAGE

L'Enfer du Dante (Hachette, Paris), in-folio maroquin rouge. Mosaïqué bleu, vert et La Vallière,

Le dos de ce volume est rond, mais la couture n'est pas assez nourrie, alors les mors sont maigres, la rognure est irrégulière, les chasses sont trop grandes. Ce volume est sur double nervure. Au premier abord, nous avons cru que ce volume était cousu sur nerfs, ce qui n'eût pas été de trop pour un volume de ce format; mais les ficelles, très visibles sur le plat et ne se rapportant pas aux nerfs, nous ont fait apercevoir l'erreur que nous allions commettre.

Mais, alors, pourquoi ce luxe de nerfs? L'utilité n'en est pas très grande, d'autant mieux que le résultat est d'alourdir l'ensemble de la reliure sans lui ajouter de solidité. Nos relieurs français emploient quelquefois ce procédé *tricheur* pour simuler la couture sur nerfs, quand leurs clients ne veulent pas rétribuer suffisamment le travail; mais ils ont la précaution de compasser leur dos, afin de mettre leur grecque à la place qu'occuperont les nerfs. De cette façon, le volume fini, l'on ne voit que difficilement la fraude, et surtout les nerfs sont collés sur le dos, après avoir reçu le papier sans faux dos. Cette façon de faire est toujours employée avec avantage, même lorsque l'on ne veut pas tromper le client sur le travail livré.

La dorure sur tranche de ce volume est très ordinaire.

La couture n'a pas reçu tous les soins nécessaires, et l'on se demande, en voyant ce travail, ce que l'on a voulu faire; car ce n'est ni un grain écrasé, ni poli, ni conservé. Les cartons ont été arrondis très largement sur les bords.

Les gardes, soie verte, sont mal fermées aux coins, et la bordure, en filets mosaïqués, dépassant le volume, produit un très vilain effet.

Le dessin de la dorure est un Groslier entrelacés courbes, avec feuilles mosaïqué vert, La Vallière, bleu ; les feuilles sont vertes. L'exécution laisse beaucoup à désirer. La dorure, d'abord, n'est pas nettoyée ; la mosaïque déborde, ou ne remplit pas les intervalles. Les filets sont cassés et gris, les fleurs sont trop enfoncées. Les encadrements du dos, entre les nerfs, et qui contiennent de la mosaïque, ne sont que d'un filet. Cela ne doit pas se faire, mais sur un in-folio, la chose frise le mauvais goût. La signature du relieur ne représente qu'une ligne d'or.

Le titre du volume n'est pas compris ; d'abord l'*Enfer de Dante* est bien par trop gros, puis la mention : *Dessins de Gustave Doré*, qui occupe deux lignes, la première est ainsi conçue : *dessins de*, Gustave Doré, seconde ligne ; jamais, au grand jamais les mots de, la, les, etc., articles, prépositions, adverbes, interjections, etc., ne doivent finir une ligne ; ou on les isole ou ils commencent la ligne suivante. Ainsi, il eût fallu mettre : dessins, première ligne ; de, deuxième ligne ; Gustave Doré, troisième ligne ; de cette façon l'on eût eu trois lignes de différentes longueurs, au lieu de deux aussi longues, cela est évidemment plus gracieux à l'œil, et si vous voullez le mettre en deux lignes vous auriez mis : dessins, première ligne ; de Gustave Doré, deuxième ligne, vous eussiez espacé légèrement dessins, car le mot par lui-même est assez petit et, sans espace, vous aurait donné une petite longueur relativement à celle de votre seconde ligne.

Paléographiæ Sacra Pictoria, in-4°, pleine reliure, maroquin rouge, mosaïqué noir par acide ; le dos est plat, les chasses sont trop grandes, les cartons trop forts pour la [dimension de ce volume

La tranche dorée à plat et ciselée, le dessin par trop *tape à l'œil*, est trop enfoncé, puis pour une ciselure il est nécessaire que la gouttière soit dorée et brunie creuse.

Les gardes en soie posées sans être rembordées, manquent de fraîcheur.

A Story, in-12, parchemin blanc mosaïqué par acide, les gardes en soie ont été posées par dessus d'autres gardes primitives, elles couvrent une partie de la bordure et dépassent le volume; de plus, elles sont ornées d'un filet d'or et d'une vilaine trace de blanc d'œuf.

Le dessin du plat est entrelacé filets doubles, proprement mosaïqué.

Eleyne, petit in-folio La Vallière clair, maroquin écrasé et poli, mais remarquablement nuancé, les cartons sont énormes, quoique arrondis très largement vers les bords, ils n'en paraissent pas moins grossiers.

La dorure du genre Derosme a été tracée, et l'ouvrier n'est pas rentré dans ces traces, mais d'une façon par trop visible, et le coup de fer est trop chaud.

Le corps de l'ouvrage de cet exposant laisse beaucoup à désirer, nous avons vu des volumes dont les fonds des cahiers sont plissés à l'endossure.

Toutes ces reliures sont à dos brisés et ne s'ouvrent pas plus que les reliures françaises ; certaines s'en rapprochent par leur dos ronds, mais ils sont en très petit nombre.

Nous signalerons, pour la dorure sur cuirs, divers travaux qui ont attiré notre attention.

The Book Common Prayer, reliure pleine, vert

foncé coins fers fanfare et dos de même, qui est assez réussi.

Gudrun, in-12 vélin, genre Groslier, entrelacés simples, mosaïqué (par acide) vert, bleu, rouge; bien fait comme mosaïque et comme dorure.

Teynesson, maroquin rouge, dorure genre oriental, fond plein, or, mosaïqué bleu. L'idée est originale, cela a quelque chose de chatoyant à l'œil, mais l'exécution est imparfaite : la mosaïque se décolle; il est vrai que la quantité de petits morceaux à appliquer en carrelage, à côté les uns des autres, présentait une difficulté qui, seule, pourrait excuser cette imperfection, si nous n'avions pas devant les yeux un autre type semblable de ce genre, mosaïqué bleu et La Vallière, dont l'exécution est parfaite; puis encore un autre, à celui-ci la mosaïque ne peut pas se décoller, elle est peinte.

Un semé à la rose, sur maroquin vert clair, bien d'aplomb.

A Book of Guldem deeds Yonge, in-12, maroquin bleu, dorure Duseuile assez bien réussie; la dentelle intérieure manque de brillant; elle a été poussée trop chaud.

Pat-more, in-12, vélin quadrillé, petits points et fleurs remplissant presque le quadrillé; bien correct, bien réussi.

Cette vitrine contient quelques échantillons de reliures à dos simples. Pour faire voir leur extrême souplesse, un volume in-12 est suspendu par quelques feuilles du milieu et les cartons ainsi que le commencement et la fin tombent mollement de chaque côté.

En général, le travail de cette maison n'est pas soigné dans ses détails.

La dorure sur cuirs, faite avec trop de chaleur,

retire le brillant à l'œil et rend l'exécution pâteuse.

Nous ne connaissons pas de coopérateurs.

—

HAMOND (Londres)

Nous n'avons pas pu nous faire ouvrir cette vitrine, qui était la première à gauche, lorsque l'on regardait ces trois maisons qui semblaient couplées.

Nous devons donc apprécier les volumes qu'elle contient, à travers les vitres : le premier qui frappe et attire nos regards est un grand in-folio, reliure pleine maroquin vert, non écrasé, l'endossure est bien exécutée, le dos est suffisamment rond et bien uni, les cartons sont trop épais, les chasses sont grandes, la gouttière plus creuse que la rondeur du dos, la dorure sur cuir est du genre fin du dix-huitième siècle, c'est-à-dire commençant à prendre des dispositions que Bozerian devait exagérer plus tard ; ainsi, bordure suivie fermée par un trois filets antique, semée de fleurs de lis, larges feuilles fermées de même ; intérieur Pasdeloup aux larges feuilles, le titre au milieu du plat : *Petits châteaux de la Loire.* Sous le verre, cette dorure semble réussie, mais, en fixant bien le travail, l'on s'aperçoit qu'il pèche par le détail et que bien des fers sont poussés trop chauds.

Libri, Monuments inédits. L'endossure semble bien réussie, le dos est d'une bonne rondeur, les cartons toujours trop épais, les chasses de la gouttière sont plus petites que celles des bouts. C'est à tort, elles doivent être égales à celles des bouts ; s'il y avait à faire une différence, ce serait plutôt un peu plus grand par devant, car le dos, par l'usage, peut tomber et le texte dépasser les cartons.

ce qui peut se constater aux volumes un peu forts reliés à l'époque Thouvenin. Les dos n'étant pas nourris de fil, souvent par la fatigue ils arrivent à creuser et la gouttière prend la forme du dos, le texte dépassant par cela les cartons qui devaient le protéger.

La dorure de ce volume est du genre Pasdeloup, larges feuilles, celui-ci semble préférable comme exécution.

Missale Romanum, maroquin rouge, le dos est plat, les chasses trop grandes, les cartons pourront supporter la fatigue !...

La dorure de fantaisie, avec milieu mosaïque et les armes du pape, semée de chardons (dix-huitième siècle), de fleurs de lis, de points à l'encre bleue, en or, des filets à froid ou encré bleu ; c'est à faire rêver de tout ce qui est en bleu ; enfin, un salmigondis de mauvais goût. Le dessin qui affecte celui du seizième siècle est très beau, mais il disparaît sous la charge de toutes sortes de fers dont ce plat est rempli.

The Moral of Flowers, genre fanfare, paraissant assez beau, mais trop haut placé pour pouvoir le juger.

Un vélin, entrelacé et grecque, avec des fleurons dans les vides, sont surpris sans doute eux-mêmes de se trouver là ; assez bien exécuté.

Un in-12, maroquin rouge, dessin entrelacé grecque mosaïqué vert ; l'écartement des filets n'a pas plus de 1 ou 2 millimètres, et pourtant il est parfaitement réussi.

Un petit in-48, semé pas d'aplomb.

Une série de veau fauve, encadrés, seizième et dix-septième siècles, qui semblent bien propres.

Deux volumes, veau marbré, bien réussis.

Un veau mat, quinzième siècle, sans reproche.

Et comme excentricité un *Livre-album*, vert foncé, fermé à clef, avec drapeaux anglais et français en mosaïque sur les plats et des vaisseaux en or dans les coins.

L'impossibilité de nous faire ouvrir cette vitrine ne nous permet pas de former un jugement complet, nous ne pouvons apprécier que superficiellement; les choses qui nous choquent sont toujours les mêmes : cartons épais, chasses trop grandes, dos plat. Ici, pourtant, les petits formats n'ont pas ces défauts : l'épaisseur des cartons, la largeur des chasses sont en harmonie avec le format des volumes.

Nous ne pouvons juger la couvrure ni la finissure.

La dorure sur tranche est anglaise et très médiocre.

La dorure sur cuirs ne peut se juger que sous le rapport du dessin, à travers le verre. Le coup de fer, la chaleur, tout cela n'a plus le même aspect lorsque l'on tient le travail en main ; nous ne pourrons dire que ceci : dans les grands volumes, fers riches de dessin, bon agencement, sans observation rigoureuse des genres, mais coup de fer lourd et inexercé.

Ils n'auraient pu que perdre à être vus hors de leur vitrine.

Pas de coopérateurs connus.

—

J. WHITAKER, boockseller (libraire).

Lorsque l'on approche de la vitrine, soit les excentricités, soit un travail de bon goût, de bel aspect, attirent tout d'abord et naturellement notre regard, et c'est le premier cas qui, ici, nous frappe.

10

Dans cette vitrine, quelques reliures ornées d'énormes reliefs en bosse, arrondis, surchargés d'une dorure... orientale, afin de lui donner un nom qui accuse à peu près son genre.

Il est difficile d'imaginer quelque chose d'aussi lourd, d'aussi affreux; joignez à cela des dos plats, des chasses d'une largeur démésurée, les cartons d'une épaisseur outrée, enfin cela ressemble plutôt à un pavé qu'à une reliure.

Parmi les reliures de ce genre, nous citerons une *Bible* in-4°, maroquin La Vallière. Outre l'ornementation des plats décrite plus haut, ce volume a la tranche dorée, ciselée, non! erreur, refoulée par un dessin... et le dos a de forts doubles nerfs séparés par un filet de près de 8 millimètres de largeur.

Nous remarquons ensuite un petit volume in-48, dont les plats en ivoire, garnis de joncs, sont ornés, au milieu, de dorure à la main, avec chiffre du Christ en mosaïque rouge peinte; le dos est couvert en maroquin. C'est un genre que nous ne connaissions pas; nous en avons vu plusieurs autres parmi les bibliothèques de l'exposition anglaise. Ce genre est particulier à l'Angleterre.

Deux volumes, maroquin blanc; l'or rouge que les doreurs de cette nation emploient fait un bien vilain effet sur cette couleur.

Une Sainte Bible, in-12, maroquin La Vallière, en reliure souple, est roulée dans un caoutchouc. M. Gayler-Hirou (voir France) n'est donc pas l'unique pour ce genre!...

Un Common Prayer, volume in-32, pleine reliure, veau; à ce volume l'on a essayé de faire une reliure-boîte, sans doute pour préserver le volume de tout contact; le but est totalement manqué : pour renfermer la tranche, l'on a employé de la carte trop

mince, elle se relève en dehors, laissant la tranche
à découvert. C'est, si vous le voulez, une reliure-
boîte, c'est possible!... mais boîte qui ne ferme pas.

Cette vitrine contient aussi des reliures pleines
en veau uni et marbré, des demi-reliures en veau
et chagrin ; les dos de ces volumes sont plats , irréguliers, pas unis ; les chasses sont trop grandes, les
cartons trop épais, enfin tout l'ensemble ·du corps
d'ouvrage laisse beaucoup à désirer.

Comme aspect extérieur, les veau fauve, les
marbrés, ainsi que les demi-maroquin, ont tous le
mérite de la propreté, mais rien que cela.

La dorure, principalement pour les demi-reliures,
a beaucoup de brillant, lourde comme coup de fer,
manque de goût comme agencement ; le genre du
siècle dernier, ou dix-huitième siècle, domine dans
l'ornementation, mais il n'est pas pur; ce qui serait
préférable à cette fantaisie du genre.

En somme, cette exposition attire le regard, mais.
après examen, ne le satisfait pas.

RIVIÈRE, boockbinder (relieur).

Nous avions cherché longtemps, sans la trouver,
la vitrine de M. Rivière, dont la réputation, établie
par les Expositions antérieures, était parvenue jusqu'à nous. Lorsque la distribution des récompenses
nous apprit qu'il avait mérité et reçu une médaille,
nous nous sommes remis de nouveau à la recherche
de son exposition, toujours sans plus de succès ;
enfin, nous avons appris que les volumes exposés
par lui se trouvaient dans la vitrine de M. Whitaker.

Comme il ne nous a pas été possible d'obtenir

l'ouverture de cette vitrine, nous n'avons pas pu distinguer les reliures exécutées chez M. Rivière parmi les nombreux volumes qu'elle contenait et, conséquemment, nous n'avons pas à les juger particulièrement.

Ils ont dû être signalés au jury par M. Whitaker ou son représentant. Nous regrettons de ne pas avoir eu la même faveur.

Tout nous porte à croire, cependant, que les demi-reliures veau sortent de cet atelier. Nous ne lui ferons pas l'injure de lui attribuer les reliures si grossières que nous avons signalées à cette Exposition.

BAIN, boockbinder (relieur).

Comme corps d'ouvrage, les reliures de cet exposant réunissent tous les défauts que nous avons signalés à la plupart des reliures anglaises, inutile de nous répéter.

Nous ne nous arrêterons qu'à l'ornementation extérieure, c'est-à-dire à la dorure :

1° In folio, maroquin vert, entourage extérieur dentelle et intérieur du plat dentelle, avec milieu forme Du Seuil, mosaïqué violet et rouge; imparfait d'exécution d'abord et, de plus, mélangé de fers tortillons, pointillés et fleurs fin dix-huitième siècle;

2° Un in-folio, maroquin rouge, mosaïqué vert et bleu, mélange de fers dix-septième et dix-huitième siècles et fleurs Groslier; très mauvais assemblage;

3° Un maroquin rouge, genre dix-huitième siècle; celui-ci est bien supérieur comme pureté de genre, mais alors, comme si une qualité devait forcément avoir comme corrolaire un défaut, l'exécution laisse beaucoup à désirer comme coup de fer, il manque de brillant et de netteté.

Du reste, cette maison, qui a plusieurs de ses travaux dans diverses vitrines, exhibitions de plusieurs libraires anglais, se fait remarquer par son mauvais agencement de fers; nulle observation de genre pour les dorures, qui en valent la peine, et pour la mosaïque des couleurs, qui ne se marient pas.

Les emboîtages (toile) en grande quantité sont mauvais de tout point, de même en mouton et chagrin; les cartons de ces volumes sont biseautés et d'une épaisseur incroyable; comme c'est solide!... et comme il a fallu faire de grands mors pour loger toute cette matière! Aussi, à l'intérieur des volumes, le papier est complétement cassé et brisé par l'endossure.

Pourquoi des cartons aussi forts? Pourquoi?

A la couvrure, la peau n'a pas été parée, si ce n'est aux coins, pour en permettre la fermeture.

La dorure sur tranche est nulle comme exécution.

La dorure au balancier n'a rien de particulier et qui attire l'attention.

Nous n'avons pas de noms de coopérateurs.

—

MARCUS WARD et Cⁿ.

BELFAST (IRLANDE)

(Maison à Londres et à Dublin.)

Voilà une vitrine qui est vraiment belle et qui, vue à distance, chatoie aux regards. Les couleurs éclatantes, les mosaïques, le fla-fla des ornementations, l'intention d'attirer le regard, tout est là. Aussi, cette exposition arrête bien des gens qui s'extasient en la regardant!...

Nous avons cherché à en avoir l'ouverture; il nous a été répondu que c'était une chose impossible, que dans cette exhibition il y avait une partie des travaux qui appartenaient au prince de Galles, fils de la reine d'Angleterre et prince héréditaire, qui est si fanatique de ses reliures qu'il ne permet à personne d'y toucher, même à ses sœurs (*sic*); voilà la réponse qui nous fut faite!

Cette maison a reçu une recompense assez importante : une médaille en or. Il faut espérer que les membres du jury n'ont pas eu la même réponse, qu'ils n'ont pas jugé *de visu*, que tous ces travaux ont été appréciés à la main et que ce n'est pas pour l'honorabilité de leur clientèle que MM. Marcus Ward et C° ont dû d'être récompensés.

Le magnifique prospectus à la main nous apprenait que cette maison cherche « à faire re- « vivre en Irlande le goût des manuscrits. Après « avoir consacré les dix dernières années à cette « étude, ils croient avoir réussi à introduire dans « leurs dessins l'esprit qui caractérise les œuvres « des anciens artistes, mais, par une conséquence « nécessaire, les ornements, figures et paysages se « ressentent du progrès dans l'art du dessin. »

Et plus loin, à l'article reliures : « L'extérieur de « ces volumes est dans le même style de décoration « que l'intérieur. » Les moines irlandais faisaient donc bien mal leurs manuscrits pour que M. Marcus Ward, tout en les imitant, se croit en droit d'accuser un progrès dans l'art du dessin. N'étant qu'amateurs de beaux manuscrits, nous ne pouvons formuler que le jugement de notre goût, mais, d'après ceux des époques qu'il nous a été donné de voir (est-ce parce qu'ils étaient français, cela est possible), nous avons remarqué généralement une pureté de dessin, une légèreté d'ornementation et une fécondité d'imagination que les imitateurs de manuscrits n'ont pas dépassées, nous pouvons même dire pas atteint.

Pour ce qui est de la reliure, elle n'a de monastique que sa lourdeur, elle l'exagère même, et si l'on manquait de renseignements l'on croirait avoir devant les yeux des Albums photographiques ou de luxueux registres, des cartons biseautés, tout autour de forts reliefs, des mosaïques éclatantes, criardes même. Tout cela peut être tout de même beau, mais seulement pour celui qui l'aime. Et si les moines irlandais revenaient à la vie, nous doutons qu'ils félicitent M. Marcus de son imitation.

Trois genres de reliures sont cités dans le prospectus : « 1° Reliures enluminées, où les dessins « sont produits par une mosaïque en cuir colorié. » C'est ce que nous prenons, les grandes chasses et les cartons de force exagérée aidant pour de magnifiques et forts registres. « 2° Reliures anciennes re-« produisant les œuvres d'art des monastères du « moyen âge. » Nous les voyons reproduire les armes, devises et emblèmes des nobles familles anglaises mais aucunement les reliures monastiques, celles-ci, pour nous, ce sont des albums. « 3° Reliures modernes. » Le moderne ressemble à l'imitation de l'antique; en somme, tous ces travaux sont lourds éclatants de gros filets vernis, de forts filets en or.

Page 5 de leur prospectus : « Tous les dessins et « ornements en métal ont été montés et exécutés

« par Marcus Ward et Ce. » Par conséquent, pas de coopérateurs.

A la page 6, au-dessus de reproductions d'articles de fantaisie ornées d'aigles surmontés de la couronne impériale, un article ainsi conçu : « *Objets* « *de luxe destinés à la famille impériale.* Marcus « Ward et Ce envoient à l'Exposition plusieurs ar- « ticles de luxe en cuir destinés à être présentés à « LL. MM. l'Empereur et l'Impératrice et le Prince « impérial, comme exemple de cette branche de la « manufacture irlandaise. »

Voici une preuve qu'à notre époque il n'est pas inutile, par un acte de courtisanerie, de se préparer le succès.

Cette maison, *comme ils le disent plus haut*, est une manufacture d'une grande importance ; elle réunit tout ce qui s'appelle fantaisie de papeterie, elle y spécialise l'*enluminure*, soit comme forme de livre, *adresses de félicitations ou de documents de condoléance, documents commémoratifs, reliure.* « L'Album photographique perfectionné (breveté), « les pages en sont ornées de dessins chastes et dé- « licats, en or et coloriés ; les feuilles, fabriquées « d'après un nouveau système, sont cousues avec « du fil de lin d'Irlande. » Et les dessins sont toujours du même. Quelle fécondité !...

« Maroquinerie de toutes sortes. Registres confec- « tionnés avec du papier fabriqué dans le nord de « l'Irlande, qui se distingue par sa durabilité (*sic*), « son absence de graisse (?), sa solidité qui permet « l'effaçure, cousus avec du fil d'Irlande fabriqué « exprès. Ils sont couverts avec une peau dure et « polie à la fois, plus indestructible et plus propre « que les cuirs grossiers dont on se sert ailleurs. » Enfin de la réclame, eux seuls possèdent la

vraie vérité, et le jury l'a prouvé en leur accordant
une large récompense.

Si nous traduisons bien (By appointement To.
H. R. H. The Prince of Wales royal Warrant 1863),
cette maison doit avoir pour actionnaire le prince
de Galles.

Et puis les cadeaux à la famille impériale n'ont
pas dû nuire à son succès. Les petits cadeaux en-
tretiennent l'amitié.

Naturellement, par ce qui précède, pas de coopérateurs signalés.

SON LEIGTHON, doreur, spécialité de dorure au balancier.

Collection variéé de plaques au balancier pour
reliures et emboîtages. Bien exécutés, les dessins
sont d'assez bon goût généralement, mais se distinguent du genre français par une certaine lourdeur
qui ne nous plaît pas!

Ensuite, couvertures en papier et toiles imprimées en noir et diverses couleurs, se mariant avec
l'or pour brochages et emboîtages, parmi lesquelles
nous citerons : *The Life of man;* plaque froid et
or mosaïqué, dessin allégorique, au milieu Adam
et Ève, après leur sortie du Paradis terrestre.
Dans l'entourage de la plaque des médaillons :
1° l'Enfance; 2° l'Adolescence; 3° la Puberté, et 4° la
Vieillesse; puis, dans les coins du dessin, l'Arbre
en pousse, l'Arbe en fleurs, chargé de fruits, puis
la chute des feuilles.

Comme allégorie, ce dessin est charmant et bien
approprié au volume, quoique un peu chargé, mais
l'exécution laisse à désirer; la mosaïque manque

dans certaines parties et fait casser le filet gras dans l'entourage.

Luther and the reformation; plaque se rapprochant un peu du genre Groslier entourée d'un large filet noir bordé or, et, comme bordure, du plat semé de petits points et de quelques fleurs dix-huitième siècle. Quoique tronqué de genre, chose que l'on n'exige pas aux travaux faits au balancier, l'ensemble est très léger et d'un bon effet.

Légendes et Lyries, plaque dix-septième siècle, fermé par un large filet à froid et un petit filet or laissant un espace jusqu'au bord du carton comme ci-dessus et remplit par des pointillés. Cet entourage le fait rentrer dans le genre lourd.

The Bridal Souvenir, plaque orientale sur maroquin blanc, mosaïqué vert et milieu rouge, bel agencement de couleurs, le tout d'un bon effet

The Hollewed Shots of ancien London, plaque orientale sur toile blanche, genre oriental grec, mosaïqué rouge et vert; beau dessin, mais peu réussi.

Married wife, plaque coins ronds, fond or sur toile blanche sans grain. L'intérieur et l'extérieur du dessin sont garnis par un pointillé à l'encre bleue, qui fait un très bon effet. L'exécution de travaux de dorure sur la toile de cette couleur, et sans grain, n'est pas sans présenter de grandes difficultés; elles ont été en partie vaincues.

Pour la généralité des plaques, le dessin affecte le genre gothique et très peu se distinguent par une légèreté d'ornement bien comprise; la forme de ceux spécialement à gaufrer n'a pas besoin d'être si épaisse dans leurs déliés pour produire de l'effet.

Tout nous fait supposer que leur méthode consiste à dorer la toile avant de l'appliquer sur le carton, ce qui oblige, lors de son emploi, à tremper le carton au lieu de la toile, méthode que les maisons françaises avaient prises au début de ce genre de travail en France, afin de conserver la fraîcheur du grain de la toile (on dorait la couverture ensuite), et qu'ils ont depuis abandonné ?

Malgré l'emploi d'une toile bien plus mince que la nôtre, leurs couvertures ont une fraîcheur que nous n'atteignons pas, quoique ayant l'avantage d'une toile ou tissu plus serré.

Pourquoi nos maisons françaises ne font-elles pas non plus de travaux sur des toiles blanches, les paroissiens à bon marché, pour première communion, auraient avantage à être couverts de cette matière qui remplacerait le papier moiré blanc ou grain d'orge, ce serait un essai à tenter et qui pourrait, il nous semble, réussir à celui qui le ferait.

Genre à part, qui après tout est anglais, félicitons M. Leighton de l'ensemble de ses travaux, qui réunissent propreté, brillant et netteté.

Appréciation de visu.

Pas de coopérateurs connus.

—

TRICKETT et FILS (Londres).

Cette maison expose spécialement des reliures et cartonnages classiques couverts en toile grise, avec titres imprimés en noir sur les plats; des emboîtages avec plaques dorées au balancier. Cette dorure est bien venue et brillante. Les dessins, légers et de bon goût, sont supérieurs à ceux de M. Leigthon; l'ensemble est bon, c'est du travail soigné.

Une chose qui des signale à notre attention.

c'est la modicité de leurs prix (nous renvoyons le lecteur à nos réflexions sur les prix, voir maison Parizot), et si elles n'ont pas attiré l'attention des amateurs de riches reliures, elles n'en ont pas moins des mérites incontestables : d'abord, d'être bien faites, et, ensuite, d'être à la portée de toutes les bourses, le bon marché étant ce qu'il faut, en même temps que la solidité, pour un travail de ce genre.

Félicitons MM. Tricket des soins qu'ils apportent à l'exécution de ce genre de reliure.

Pas de coopérateurs connus.

EXPOSITIONS DIVERSES

Enfin, pour clore l'Angleterre, parmi les nombreuses reliures exposées dans les bibliothèques ; un volumes *Liturgie*, petit in-4°, maroquin blanc gros grains, avec joncs très forts autour des cartons et des clous énormes aux coins ; ce volume est fermé par deux fermoirs à clefs se fermant au milieu de la gouttière et placés aux extrémités des cartons, en tête et en queue.

Un autre volume *grand in-4°* même genre, avec trois fermoirs s'accrochant et imitant les charnières devant et derrière ; ces deux volumes ont, sur les plats, près des joncs, une roulette poussée à l'encre noire.

Nous signalerons encore un genre de reliure façon registre, avec plaques ou façon plaques de noyer (*de visu*) dorées à la presse en guise de cartons ; ces plaques sont d'un très bon effet.

Beaucoup de Musique reliures caoutchouc, quelle que soit l'épaisseur des volumes.

Puis encore des reliures emboîtage en basane sciée, gaufrées, exhibées par la Société biblique de propagande. C'est un plaisir de voir la souplesse de l'ouverture de ces volumes.

Comme particularité du travail à la dorure sur tranche dans le genre marbré doré, nous n'avons rencontré qu'un seul volume, et encore il laisse beaucoup à désirer. Est-ce un genre que nos voisins n'apprécient pas? ou la difficulté de le bien réussir les a-t-il empêchés de le répandre chez eux ?

A la dorure sur cuirs, ils affectent de pousser la bordure intérieure en mordant sur la garde, quelle soit de soie ou de papier, ce que nous ne trouvons pas beau ; et grand nombre de garde-soies sont montées comme nos anciens les montaient, c'est-à-dire comme on monte les garde-papiers, en garnissant le mors naturellement sans charnières, et coupées franches sans que la soie soit remplie.

Ce système avait été abandonné par l'école moderne, parce que les bords s'effilochaient, la soie se coupait dans le mors ou se tachait par le contact de la peau ; ensuite, les gardes montées de cette manière sont obligées d'être collées en plein sur le papier : cela retire l'aspect riche de la soie, coûte aussi cher et lui retire ce flou qui est incontestablement agréable à l'œil lorsqu'elles sont montées de la dernière manière.

Là s'arrêtent nos critiques sur le travail de reliure exposé dans la section anglaise.

Nous nous sommes arrêtés à côté de la vitrine de M. Zaehnsdorff, devant une exposition de fers à dorer à la main, d'une maison anglaise de gravure. Les dessins sont fouillés très creux au burin, ce qui n'est pas à dédaigner et que nos graveurs négligent assez souvent. Mais nous ne nous expliquons pas pourquoi ces fers ont une assise en cuivre, comme aux ciseaux de menuisier, pour qu'ils n'entrent pas avant dans le manche ; cela est tout à fait inutile et ne peut servir qu'à brûler la paume de la main quand on pousse les fers. Puis des jeux de lettres gravées et à tiges depuis l'in-12 jusqu'à l'in-4°. Il est nécessaise de signaler que quelques maisons anglaises poussent encore, comme anciennement, leurs titres sur le dos lettre à lettre. Les doreurs ont un petit fourneau monté sur trois grands pieds ayant près de un mètre de hauteur ; une plaque de tôle de la largeur et de la longueur des manches entoure ce foyer qui est, lui, entouré d'une garniture échancrée qui permet de mettre au moins tout un alphabet au feu.

M. Thompson fils en avait rapporté un en 1850 environ, à son retour d'Angleterre. Voilà la raison de si petits alphabets à tiges ; nous n'en parlons que comme mémoire. car nous avons déjà dit, dans ce rapport, que cette façon de faire un titre était onéreux, non-seulement au point de vue de la célérité du travail, mais encore par la dépense que cela entraîne pour l'acquisition d'une variété, en assez grand nombre, de jeux de caractères.

Puis, dans ces outils gravés, une magnifique fleur de lis dix-septième siècle, pouvant être mosaïquée.

Tous ces travaux, comme nous le disons plus haut, sont fouillés avec une attention et un soin particuliers.

Nous n'avons pas vu de papier ni de toile ; pourtant on accorde à l'Angleterre la spécialité de la toile gaufrée propre aux travaux de reliure, ainsi que les papiers peigne.

Faut-il croire ce qui nous a été dit, que c'est une

erreur de la part de quelques-uns de nos compatriotes d'acheter de la toile anglaise, qui n'est autre que celle que l'on fabrique à Rouen ? Ils payent des frais d'aller et retour et ont une percaline plutôt inférieure ; mais ils croient être assurés de sa fabrication anglaise, et ils sont satisfaits.

Quand nous débarrasserons-nous de ce dada d'apprécier la manufacture du voisin et de passer indifférent à côté de la nôtre ?

La maison de gravure citée plus haut est celle de M. de Laci.

HOLLANDE

BRAND, à Amsterdam,

Expose des reliures, entre autres une *Bible* plaqué gaufrée à relief. Le corps d'ouvrage est manqué ; l'exécution de la dorure est affreuse. La Hollande a beaucoup à apprendre pour reprendre relativement le niveau qu'elle pouvait avoir il y a deux siècles.

SUISSE

HELLER=BOIS, à Berne,

Expose des Albums sans valeur ; les uns sont à musique avec des plaques en bois sculpté ; coffrets, id. ; porte-cigares, id. ; maisonnettes, chalets. Tout cela en sapin et maroquinerie.

GRÈCE

—

L'exposition grecque est complètement insigni-
fiante, il n'y a rien qui puisse attirer l'attention.

———

RUSSIE

—

GUERASSIMORFF, à Moscou,

A, dans son exposition, une douzaine de volumes
qui n'offrent rien de particulier.

A l'orfévrerie de cette nation, l'on nous fait remarquer un volume qui a une très grande valeur...
comme orfévrerie. Pour cela, nous sommes incom-
pétent. Il vaut, nous dit-on, 2,500 roubles. Le rou-
ble a une valeur d'environ 5 francs de notre mon-
naie, c'est-à-dire 12,500 francs. Là est sa valeur,
sans doute comme reliure et comme ensemble. C'est
lourd. Le dos est plat ; le volume, livre d'église, est
couvert en velours foncé, sur lequel est appliqué
cette orfévrerie pleine dans laquelle sont enchâssées de grosses pierres. Les chasses ont 7 à 8 centimètres de largeur. A-t-on voulu imiter un livre du
moyen âge ? Si oui, c'est parfait d'imitation.

A l'article tabletterie des Albums avec plaqués à
dessins montées sur cartons qui n'ont rien de beau.

ÉTATS-UNIS

—

MURPHY, fils

Présente des reliures très inférieures puis des Registres pour comptabilité. Les dos sont ornés de deux bosses l'une sur l'autre formant ensemble une épaisseur de 4 centimètres et demi. Serait-ce pour leur faire prendre une position inclinée lorsqu'ils sont ouvert pour le travail du comptable? nous le supposons. Nous cherchons l'avantage qui peut résulter de cet enlaidissement.

—

ALLEMAGNE

—

L'amateur de belles et bonnes reliures ne devra pas aller en Allemagne pour chercher à satisfaire sa passion; quelle nullité comme travail, quelle lourdeur comme goût : de forts cartons, de gros nerfs larges, des dos plats, de gros filets vernis, un ensemble qui éloigne, qui fait même passer à côté sans se sentir attiré à les visiter. Celles qui sont ornées de bijouterie, si elles plaisent aux amateurs de clinquant, n'en sont pas moins lourdes pour cela. Et il faut croire que bien peu de la grande quantité de *sujets* allemands qui viennent apprendre à Paris, retournent dans leur pays, car ils forceraient le goût de leurs compatriotes, et implanteraient toujours une partie de leur façon de faire, façon qu'ils apprennent près de nous, faiseurs parisiens, car, lorsqu'ils arrivent, ils ne savent (nous parlons des relieurs) que faire à peu près proprement le cartonnage allemand, auquel Bradel a donné l'élégance, ce qui fait qu'en Bibliographie on lui a donné généralement ce nom : Cartonnage à la Bradel. Car on n'aurait jamais osé en France appeler cela de la reliure. Nous considérons ce travail comme devant seulement protéger le blanc d'un livre, en Allemagne, c'est une façon définitive, la peau le recouvre, des dorures sont faites sur le dos, les volumes sont reliés, c'est ce que l'on appelle de la reliure proprement dite allemande. Prenez un ouvrier d'un certain âge, arrivant de Prusse, dites-lui de vous relier un livre, il vous le reliera comme cela : après avoir endossé son volume, il coupera les ficelles, ne les laissant pas plus longues de deux centimètres, il les collera sur sa garde, rognera son volume à part, ses cartons à part, fera sa carte ; la carte appliquée, il collera les cartons sur la carte, ainsi que la partie de garde qui a reçu ses ficelles, ensuite couvrira de peau son dos, crèvera en tête et en queue son onglet, afin de remplier sa peau ; les gardes sont collées à mors fermées, c'est-à-dire fermées et mises en presse aussitôt que collées. Voilà quel sera le chef-d'œuvre de cet ouvrier, voilà la reliure allemande, pas belle ni trop solidé ; l'on dit pourtant qu'on lit beaucoup dans ce pays. Ils lisent peut-être leurs volumes avant d'être reliés, car, après lecture, il resterait bien peu de chose de ce travail ; tout au moins il serait défraîchi au point de ne pouvoir conserver sa place dans une bibliothèque, ce ne serait plus qu'un affreux bouquin.

Cette critique dure, mais vraie, faite, passons,

comme nous oblige notre mandat, aux détails; nous commençons par la Prusse.

Nous avons cherché une exposition de relieur et nous n'en n'avons pas trouvé, sur des espèces de grands Atlas et divers cartonnages en toile gaufrée, avec, il est vrai, de magnifiques titres en or sur les plats. Ces expositions étaient fournies par des imprimeurs.

Nous disions et nous maintenons que les titres étaient bien exécutés et bien agencés, de caractères se rapprochant de l'elzévir; mais il nous a pris fantaisie d'en ouvrir quelques-uns, et nous avons été peu satisfait, lorsque nous nous sommes aperçus que les fonds des cahiers étaient coupés et collés simplement sur une toile mince. Cette endossure sans couture, c'est-à-dire à la colle, n'a rien de bien bon. Cette méthode est aussi employée en France. Quelques relieurs de province l'utilisent, soit aux publications de petits journaux à dix centimes qui n'ont que deux feuilles : là, c'est pour faire économie de couture. A Paris, les grands journaux politiques ou autres, qui n'ont qu'une feuille, sont généralement endossés de cette manière ; elle consiste, les feuilles étant alignées, à mettre son volume, le dos rond, entre des ais, dans une presse, en le laissant ressortir d'un centimètre et demi de chaque côté, puis faire des entailles ou grecque, passer en colle forte le dos, en en faisant pénétrer dans la grecque, échanvrer une forte ficelle, l'introduire et l'y fixer au moyen d'une seconde couche de colle, passer son volume en carton, le remettre en presse, rabattre le mors; puis, avec une colle légère, recouvrir le dos d'une toile mousseline.

On appelle cette façon de faire endossure à l'anglaise. Nous ne l'avons pas vue en Angleterre, et nous la voyons à peu près en Allemagne ; c'est donc, nous croyons, allemand. Elle peut être employée pour les journaux qui ne subissent pas de fatigue et qui ont toujours assez de marge dans le fond, elle remplace, mais sans avantage, l'ancien système qui formait des cahiers, les surjetait et permettait de les coudre réellement. Nous blâmons donc ce procédé, parce que si le malheur voulait que l'on fît un effort trop grand sur le dos en l'ouvrant on le casserait comme verre, puis, parce qu'il est mensonger, que ce soit allemand ou anglais, la façon française est plus solide, plus honnête. Des brochures nous viennent d'Allemagne, faites aussi à la colle forte, dont quelques unes sont rognées dans le dos. Les premières sont blâmables, car si elles ont l'avantage de donner de l'œil à la brochure par la fermeté du dos, lorsque l'on débroche, il est bien rare de faire autrement que de déchirer les fonds des cahiers. Pour les deuxièmes, elles sont presque perdues pour la reliure. C'est un acte de vandalisme que de retirer les fonds à un cahier. Nous n'avons donc rien à envier à la Prusse sous le rapport de notre industrie, car les titres que nous avons admirés dans cette Exposition nous pouvons, nous les faisons aussi bien qu'il est nécessaire de le faire, il est vrai que nous ne les prodiguons pas comme eux : nous croyons faire un travail inutile en les poussant sur de simples cartonnages de toile, les petits formats sont, comme il est dit plus haut, dans l'appréciation générale de simples cartonnages.

LEIPZIG (Saxe)

—

La reliure est toujours la même, c'est-à-dire allemande : les dos sont plats comme à l'époque Thouvenin, la parure est incomplète et forme épaisseur
aux remplis des coiffes.

Dans cette vitrine, nous voyons comme travail
extraordinaire deux veau gris, la dorure au balancier se compose d'une très jolie plaque avec milieu surmonté du portrait, à l'un, de Gœthe; à
l'autre, de Schiller, bien jolis; les dorures des
demi-reliures sont faites au balancier, encadrement
de gras et maigres. Mais que de Gœthe! mais que
de Schiller! les Allemands n'ont donc que ces deux
illustrations! Les reliures pleines sont cousues sur
rubans, elles s'ouvrent bien; les demi-reliures s'ouvrent bien, mais cassent à l'ouverture de certains
cahiers. Nous n'avons pas le nom de cette maison.

GEISECHE ET DEVRIENT (Leipsig)

—

Bibliarum codex Sinœiticus petropolitanus. —
Quatre volumes reliés en deux petits in-folio, format presque exactement carré, 39 centimètres de
large sur 41 centimètres de long, chagrin grenat
foncé, relié genre registre; les cartons montés
comme aux registres à l'anglaise, c'est-à-dire montés
près du dos, en laissant près de 1 centimètre d'in-

tervalle entre le mors et le bord du carton; ces cartons sont bizeautés, les bords sont garnis de bandes en bois formant cadre, etc. La dorure de cette maison affecte le genre papeterie et est assez propre.

—

TRIFFUS (Ottlinger)

Un *Album*, deux cents portraits ; magnifique tranche dorée, ciselée, exécutée par M. Muthel, de Paris ; ainsi que plusieurs paroissiens. Ces travaux sont d'une bonne exécution.

—

BAVIÈRE

—

M. PUSTET, à Ratisbonne

Expose des Missels, Livres d'autels et de lutrin, qui, sous le rapport de la reliure proprement dite, sont semblables aux précédents :

1° *Epistolæ*, in-folio relié, en vélin ; mosaïqué rouge, vert clair, brun, médaillon au centre, double octogone en filets or et sujets en chromolithographie. Quoique nuls comme époque, assez jolis comme effet; 2° *Un Missel*, tranche peinte, avec médaillon-portraits dans la diposition du dessin, intérieur du plat au balancier; 3° un autre avec la tranche ciselée; 4° Missale, in-12, veau rose, genre monastique.

Tous ces travaux sont sans grande valeur : ils sont cousus sur rubans, s'ouvrent très bien, a la tranchefilure aucune à la main; elles sont remplacées par des comètes mécaniques; et comme dans ce pays l'on ne ménage pas les chasses, ils ont, pour remplir l'espace, superposé deux de ces comètes; ce sont des idées qui ne pèchent pas par le bon goût; les bords sont encore plus larges que les chasses, pas de bordures, un filet en guise de bordures, elles encadrent à peu près le volume; la peau est excellente et propre, mais elle est mal employée; Beaucoup de tranches ciselées avec des mélanges de couleur mais d'un goût lourd. La dorure sur cuir est faite au balancier, quelques plaques sont mélangées de froid et d'or, une partie est rehaussée de garnitures d'orfévrerie. Mais comme c'est clinquant et peu simple pour des livres d'offices!

—

SCHŒLHORN, à Munich.

Son *Missel* (édité par Kosel), relié en peau fauve; tranche quadrillée, filets avec fleurs peintes dans les losanges, sur parties grattées, l'effet est assez réussi, quoique très ordinairement faite, tranchefile très large comme les chasses, le dos est plat, les saillants dépassant de 3 à 4 millimètres les cartons, la tranchefile n'est pas couverte par la peau, elle est souple, formée de peau couverte de toile; comme dorure, un relief au balancier, applique avec ovale violet et croix or, relief filet gras, au centre, beaucoup de difficultés sans bon résultat. Le travail de la tranche, dans la partie qui touche à la dorure à la main, est bien correcte.

—

BEER, à Munich.

L'*Histoire de la lithographie*. Un volume grand

aigle, la couverture du livre est en maroquin rouge, trois morceaux ont été employés, les pointures ne disparaissent pas assez, cependant les plats étant à relief, il était plus facile de les dissimuler, pas de tranchefile, toujours des comètes ici doubles. Il semblerait que l'Allemague se fournit de comètes en soie en France; car, vu leur amour pour les grande chasses, si la fabrication de cet article était locale, on leur en ferait d'assez hautes pour combler l'espace que produit la hauteur de leurs chasses et leur éviteraient d'en superposer. Comme pour la plupart des reliures allemandes, les *plats* sont faits à part et rapportés ensuite; ils sont ornés d'un magnifique relief bordé de filets fins en or; médaillons idem, se rattachant aux côtes; très belle inscription *à la main* au centre du médaillon; comme exécution, le relief est magnifique, les filets courbes laissent un peu à désirer, mais il faut tenir compte que le travail de dorure à la main est pour ainsi dire nulle en Allemagne.

—

J. G. KUGLER, à Nuremberg.

(Maroquinerie). Albums photographiques, ornements métal doré et argenté, quelques-uns unis et plaques en bois. Les dos sont plats et les chasses grandes généralement.

BAVIÈRE

—

PAPIERS (MATIÈRE PREMIÈRE)

—

SCHAFFENBOURG, Société anonyme de papiers marbrés et de fantaisie.

Les papiers de cette maison sont très variés de couleurs et de dessins, ceux pour gardes sont très ordinaires comme fabrication, ainsi que les peignes; les marbrés pour plats sont bien glacés, les gaufrés sont jolis comme moire, le chagrin est un petit grain rond trop régulier, ceux pour plat, dits, par nous, allemands, par les Allemands, appelés *fins cocos*, sont toujours magnifiques.

—

ALOIS DESSANER

Expose des papiers possédant les mêmes variétés à peu près, excepté pour les fins cocos. Il ne possède que des nuances La Vallière, tandis que la Société en montre des rouges et des vertes.

—

GRAND-DUCHÉ DE BADE

—

Dans le Grand-duché de Bade, un seul volume qui attire l'attention: c'est un livre religieux, en velours noir, avec une riche garniture en argent chez Carl Sëbenpfieiffer.

WURTEMBERG

Aucun relieur n'ayant exposé, nous ne jugerons le travail de la reliure que d'après les expositions de libraires. Elles ont toutes les caractères de la reliure allemande, s'ouvrant bien, mais sans solidité : des demi-reliures avec des plats en toiles chagrinées grain fin, ou papiers chagrinés, ordinairement de couleur opposée au dos, par exemple, dos rouge, plat vert, dos vert plat La Vallière, etc. Cela se faisait sous la Restauration. On s'appuyait, pour expliquer cette façon, sur ce que, ne voulant pas faire croire à une reliure pleine, il était inutile de mettre le papier de même couleur. L'excuse est mauvaise, d'autant que l'on se sert du papier marbré qui ne peut jamais se confondre avec la peau. Actuellement encore, certains amateurs ne veulent pas d'autres que le Annonay noir (dit chat), quelle que soit la couleur de la peau. Il y en a aussi avec des coins en même couleur que le dos; ils sont d'une petitesse extraordinaire : quelques millimètres seulement.

Les reliures pleines, comme pour toute l'Allemagne, ont les coins fermés à l'ongle comme le papier. Les dorures des dos sont faites au balancier, jusqu'à des filetés or, fleurons. Les ornements du dos sont moins lourds que ceux que nous verrons en Autriche.

L'ornementation des dos est composée en majorité de filetés or fleurons, ou petit encadrement de moitié de l'entre-nerf, quelques pièces polies, les titres à la main mal disposés et plus mal poussés. Sur ceux qui ont des encadrements, la tomaison dans l'un d'eux; généralement les titres à la main sont affreusement faits, et, pour en trouver de beaux sous tous les rapports, il faut chercher dans ceux faits au balancier, ce qui ferait supposer que leur bonne disposition est plutôt le fait du graveur que celui du doreur; la dorure au balancier pourrait aussi être moins enfoncée. Puis des plaques au balancier assez bien, mais comme composition, très ordinaires.

—

M. HEIN, mécanicien,

Expose des balanciers à levier, dont la pression se fait par en dessous, au moyen du redressement de l'arbre horizontal qui est sous le plateau; un grand barreau horizontal, qui est sur le côté de la presse, en l'ammenant à soi, produit le mouvement; c'est une variété de la presse anglaise, la pression étant toujours la même comme pour celle anglaise, cela est bon pour les sortes, mais pour le détail et pour les petits travaux; la presse française est préferable, car l'on peut toujours lui ajouter un barreau. Ne voulant pas imiter la presse anglaise, l'on a fait ce système, nous ne lui trouvons pas de supériorité.

A la classe 90, n° 2, est exposé *un magnifique album : Société pour la construction de petits logements, à Berlin.* (On voit par cet album que l'empereur Napoléon ne faisait rien de nouveau en s'occupant et préconisant le joli four des constructions ouvrières qui dut son échec à cette maladie du gouvernement d'alors, de vouloir tout réglementer, témoin la Société du prince impérial, les maisons ouvrières Chabaud, les Sociétés de secours mutuels, présidents imposés, il semble que ce patronage fait l'effet des sapins, dans l'ordre végétal : il empêche de pousser quoi que ce soit sous son ombrage.) Et la *Fondation d'Alexandra* : in-folio, plans sur cartons feuilles montés sur onglets en peau, relié en maroquin rouge. Ce qui nous a fait nous arrêter à ce travail est la magnifique inscription sur le plat ; un simple entourage à froid orne le plat, et avec raison, car la beauté de l'inscription lui suffit. Répétons que les inscriptions sont à peu près ce qu'il y a de bien dans l'exposition prussienne.

AUTRICHE

—

RODECK Frères, à Vienne.

Nous trouvons dans cette exposition le même moyen employé par M. *Cretzschmar*, section française, pour la pose de la mosaïque. Quelle est des deux maisons celle qui a le droit d'innovation ? Nous ne pouvons le savoir. Pourtant M. Rodeck a ajouté quelque chose à ce que nous présente l'exposant français : ses dessins sont en cuivre découpé n'ayant pas plus d'épaisseur qu'un filigrane et placés dans la peau ou couverture ; des morceaux de peau de couleur sont incrustés dans les vides, selon les besoins du dessin. Comme résultat, c'est charmant, très propre et supérieur, car cette addition de cuivre empêche l'inconvénient que nous avons signalé chez les mosaïques découpées et incrustées de M. Cretzschmar. Comme pièce principale, nous citerons un *Album* photographique, ma-

roquin noir, mosaïqué d'un dessin milieu et coins
faisant cadre, composé de branches de fleurs et
feuilles. Le corps de la branche est en métal, ainsi
que le tour des feuilles et fleurs. Cela forme comme
un filet en or qui se trouve pressé entre les deux
peaux, remplit le vide et lui donne quelque chose
de chatoyant à l'œil. Sur des porte-monnaie de jolis petits bouquets, ainsi que sur d'autres albums.
Tous ces travaux sont remarquables, surtout au
point de vue de l'exécution de la mosaïque.

—

Auguste KLEIN, à Vienne.

Maroquinerie de toutes sortes, remarquable par
l'emploi de riches garnitures d'orfévrerie et celui
de couleurs tendres, telles que maroquin blanc,
vert de mer, bleu, pensée, etc., qui exigent un soin
et une propreté inouïs dans le travail. Sur certains
travaux, des bouquets peints.

—

IMPRIMERIE IMPÉRIALE, à Vienne.

Les travaux de cet établissement ont le cachet
allemand. Les reliures s'ouvrent bien, ne sont pas
solides et généralement mal faites. Pas de travaux
à la main pour la dorure. Des plaques lourdes. Les
filets sur plat ne s'anglent pas. Aux demi-reliures,
les titres sont lourds ; elles sont filetées d'un simple filet or au pied du nerf : c'est peu de chose pour
un établissement semblable.

Rien de remarquable, si ce n'est une boîte-livre
richement ornementée de reliefs couleurs et d'orfévrerie.

Cet établissement a épuisé toutes les récompenses : *il est hors concours* (?). Il est probable, quoiqu'il n'ait pas à son avantage la circulaire Baroche, que son but doit être le même que pour l'Imprimerie impériale française, et là nous constatons de même que son exposition est inférieure à celles de l'industrie privée. Aussi renverrons-nous nos lecteurs aux réflexions que nous a suggérées l'Imprimerie impériale française pour une partie de nos observations sur ce genre d'établissement.

—

E. ROLLINGER, papeterie, reliure, à Vienne.

Les reliures, albums et registres exposés dans cette vitrine se distinguent par un certain cachet de propreté que l'on ne rencontre pas partout, un assez grand nombre de demi-reliures en veau et en chagrin, avec des plats petit chagrin presque tous de couleurs en des nuances différentes du dos. Quelques tranches rouges mat bien faites, des tranche-peignes bien ordinaires. Les nerfs sur le dos sont larges et épais. La division du dos est encore celle que l'on employait en 1820 environ, c'est-à-dire le volume ayant quatre nerfs, les doux nerfs rapprochés en tête et les deux autres en queue, laissant un espace presque quadruple au milieu du dos. Ce n'est pas bon, car cela laisse un entre-nerf pour la pièce du titre trop petit. Nous en avons vu ayant huit nerfs et divisés de cette façon. Les coins des reliures pleines ou des demi-reliures sont fermés à l'ongle. Ce n'est pas bon.

Comme pièces principales : 1° un *Jules César*, dorure sans genre, très chargé d'or, mais malgré cela produisant assez d'effet. Au milieu du plat, un relief carré, sur lequel un autre relief, avec un dessin Alde peint bleu, violet, rouge et un médaillon au centre, le tout multicolore ; 2° *Schiller*, plaque, relief à la main Renaissance froid et or, médaillon aux angles ; au milieu, des horizontales et verticales, sujets au milieu des médaillons en chromo-lithographie, dos du même genre, titre en long au balancier, bordures intérieures à froid, bordées d'un filet or. Ce volume est bien joli comme aspect ; comme dessin est bien exécuté, mais ce n'est toujours que du balancier.

Les ornements sur les registres, buvards, albums sont très simples, mais bien supérieurs comme soins d'exécution à ceux que nous avons en France principalement.

La mauvaise disposition des nervures sur les dos fait que sur certains les gros nerfs, les titres et matières, la tomaison, les ornements or, tout cela se confond, au point de ne pas pouvoir deviner quelle est la couleur de la peau.

En somme, belle vitrine, qui ne nous plaît pas, parce que son cachet allemand, qui est le vieux cachet français abandonné, accuse un esprit de stationnement qu'ils feraient bien d'abandonner, car tout dans leur travail y gagnerait.

HONGRIE

CHARLES-LOUIS POSNER, relieur papetier, à Pesth

Cette Maison expose beaucoup de boîtes-livres. Nous ignorons si elles contiennent des livres et à quels usages elles sont destinées. Elles sont richement ornées, ainsi que quelques albums garnis d'orfévrerie, de plaques de bois, ornements en métaux et même *marbre*. Notre incompétence sur ces travaux nous oblige à garder le silence. L'ornementation sur les registres de cette maison est bien moins soignée qu'à la maison Rollinger ; leur richesse, leur bon goût les font pourtant encore supérieurs à ce qui se fait en France dans ce genre de travaux.

DANEMARK (Copenhague).

—

CLEMENT, à Copenhague.

Le travail de cette maison n'a rien que de très ordinaire comme reliure. Une particularité la signale toutefois : c'est qu'un grand nombre des demi-reliures sont dorées au balancier, dos long et très proprement ; le cachet de cette reliure est toujours de trente années en retard sur celui de Paris. Signalons : *Un cuir russe*, grecque filets à froid, bordé de filets or, genre papeterie, assez bien réussi, *un tableau* entrelacés droits, à relief bordé filets or sur La Vallière, intérieur violet, inscription expliquant les faits qui caractérisent la maison ; cette insription est parfaitement faite, la disposition est de bon goût. Puis une couverture velours, quatre coins parfaitement tirés ; un chiffre sur le premier plat. Une arme de l'autre côté ; parfaitement venus et bien frais.

SUÈDE ET NORWÉGE

—

Les reliures suédoises s'ouvrent autant et ne sont pas plus solides que les reliures prussiennes. Ce qui les différencie, c'est qu'elles sont un peu moins sombres que ces dernières. Tous ces pays ont encore bien à faire pour arriver au niveau de ce qui se fait tant en Angleterre, en Belgique et en France.

Nous avons remarqué à cette nation de magnifiques cartons comme pâte et comme laminage. Nous avons vu des feuilles ayant jusqu'à 3 et 4 mètres de longueur, sur environ 1 mètre de largeur et les épaisseurs variant du feuillet à 2 centimètres et plus, en diverses pâtes, blanches et jaunes. Etant surpris de cette forte épaisseur, il nous a été dit que l'on employait ces feuilles pour faire des cloisons dans certaines maisons. Le carton est mauvais conducteur de chaleur; dans une chambre fermée par des cloisons semblables, il est certain que la chaleur sera concentrée et que le froid pénétrera avec difficulté à l'intérieur; il n'y a donc pas à en rire, et on peut dire avec vérité : Il y a des pays qui ont des maisons de carton, et qui ne s'en trouvent pas plus mal.

DE LA FLEUR GROSLIER OU ALDE

Les feuilles que nous nommons *Groslier*, dans le courant de nos critiques, sont celles communément appelées *Alde* en langage typographique. Les Alde ne sont pas les créateurs de cette famille de fleurs ou feuilles d'ornements que les Orientaux et les Maures employaient à profusion dans leur ornementation ; ils ne sont donc que les premiers qui les aient appliquées à l'enjolivement du livre. C'est la même raison qui nous les fait appeler *Groslier*.

En dorure sur cuirs, les reliures Groslier étant les premières sur lesquelles on les voit apparaître, nous croyons être dans le vrai et être juste en les dénominant de cette manière. Du reste, il y a une trentaine d'années elles étaient désignées sous ce nom.

En peinture décorative et en gravure, l'on appelle nielles des dessins où cette feuille, accompagnée de filets, forme la grande partie du dessin.

Ce nom est donc une désignation technique appartenant à la reliure en propre et qui perpétuera le souvenir, non d'un relieur célèbre, mais d'un homme qui, par son goût pour la reliure, fit faire un pas énorme à notre métier en France.

N'ayant pas la preuve absolue de l'orthographe du nom de Groslier, nous maintenons l'ancienne manière de l'écrire.

DES MACHINES

—

Dans la Section Française aux Machines, nous avons remarqué un système de fonctionnement qui, s'il était imposé, éviterait bien des accidents; c'est un encliquetage et décliquetage automatique qui oblige l'ouvrier qui travaille soit avec un massi- cot, ou presse à couper le papier, soit avec une presse ou balancier anglais, etc., à embrayer sa machine chaque fois qu'elle doit travailler; ainsi très souvent pour aller plus vite losqu'un ouvrier rogne au massicot, s'il est mû par la vapeur, pen- dant le mouvement d'ascension de la lame, il cher- che à placer son papier afin de ne pas perdre de temps, et il arrive quelquefois que son habileté le trompe et qu'il se fait prendre les doigts. Ici, cela est impossible chaque fois que par le mouvement de bielle la lame est arrivée au sommet de sa course, au point-mort, un décliquetage se produit qui isole le moteur et arrête la lame; il faut la volonté de l'ouvrier pour que la lame redescende ; la même chose pour la presse anglaise.

Quand il arrive des accidents semblables soit à des ouvriers, soit à des apprentis, et nous en avons des exemples, une somme peu importante, relative- ment à l'infirmité, est accordée quelquefois quand le patron, s'il y a procès, ne prouve pas qu'il y a de la faute des employés et s'abstient de rien donner. Si, par des règlements de police, on obligeait tous les industriels à prendre les mesures nécessaires pour éviter les accidents, bien des malheureux, qui sont sur le pavé de Paris, seraient devant leurs outils.

Ainsi, nous pouvons affirmer ceci : Il existe, nous

dit-on, un règlement de police qui oblige ceux qui se servent de laminoirs à avoir le long des cylindres des garde-fous ; eh bien ! il n'y a pas un laminoir sur dix qui en soit pourvu ; pourtant divers accidents sont arrivés qui auraient dû ouvrir les yeux sur cette inobservation des règlements. Attendra-t-on que d'autres malheurs arrivent ? A quoi servent les enquêtes ? Dans une maison de reliure deux accidents sont arrivés presque de suite, dont le dernier en 1863 ou 1864, et le laminoir n'a pas encore de garde-fou.

Signaler le fait, pour nous c'est espérer que cela suffira pour que toutes précautions soient prises afin d'éviter les blessures. Un être blessé est plus malheureux et plus dépendant qu'il n'est nécessaire pour pouvoir vivre dans notre état social. Combien en voyons-nous venir solliciter notre charité, qui, mutilés de l'industrie, ne sont plus bons que pour faire des mendiants, et le nombre s'en accroît chaque jour. Pourquoi une loi ne préléverait-elle pas un tant pour cent sur les dividendes d'une exploitation pour renter les blessés de cette même exploitation ? Pourquoi ne pas faire des caisses d'assurances pour les blessés, etc. ; toutes questions qui ont déjà été lancées et qui, à ce qu'il paraît, ne sont pas encore mûries ; et puis le matériel homme est à bas prix : un de blessé, deux de retrouvés. Il n'y a donc pas lieu de nous en préoccuper, et, à ce propos, il nous vient à l'esprit cette phrase, attribuée aux officiers supérieurs de cavalerie à la suite d'un combat :

« Colonel, combien avez-vous de chevaux tués ? »

Dame !... il faut les acheter.

Espérons ! mais n'attendons pas ! Organisons entre nous l'assurance sous toutes ses formes. Il ne faut rien attendre des autres. Rappelons-nous cet adage : « Qui se sert lui-même est toujours bien servi. »

Pour les Délégués :

Le Délégué-Rapporteur :

W. WYNANTS.

ÉTUDE COMPARATIVE

DE LA

RELIURE ANCIENNE ET MODERNE

Voulant nous rendre compte par nous-mêmes et fixer nos connaissances sur la façon dont la Reliure avait été traitée anciennement, nous nous sommes rendus dans les Bibliothèques publiques où se trouvent les plus riches et les plus complètes collections de reliures. Nous avons constaté que, sous le rapport de la solidité, là façon ancienne n'est pas dépassée par la moderne, à part quelques-uns de nos bons faiseurs; généralement le travail n'est pas soigné dans toutes ses parties. Peu de soi-disant innovations, que l'on ne retrouve aussi, entre autres la tranche dorée, puis ciselée; la tranche de couleur même n'est pas nouvelle. Comme nous le disons à la maison Zaenhsdorff, la tranchefile se faisait en même temps que la couture; le point que nous voyons au bord, touchant le papier, ne pouvait se voir sur les véritables, il était caché par la peau ; mais les imitations que l'on voit apparaître déjà au quinzième siècle étaient faites d'une façon bien plus solide : elles étaient prises au moins dans tous les deux cahiers. Nos tranchefileuses ne se donnent pas cette peine, l'on ne les paye pas pour cela du reste.

Pour la couverture du livre, toutes les peaux que nous employons l'ont été, telles que : peaux de truie, veau, maroquin, ou peau de chèvre grosgrain et grain long ; la chèvre petit-grain est une innovation : on l'attribue même (nous ne le garantissons pas) à M. Thompson (père), alors qu'il avait son atelier rue Saint-Lazare ; il faisait son grain avec des paumelles, une fois le carré de peau paré et prêt à couvrir. Notre couvrure est bien supérieure, en ce sens que la peau est amincie avec plus de soin sur les bords ; les coins mieux fermés, le montage de la garde, soit en papier, soit en soie, est aussi plus fini ; le rembordage de la soie sur le papier qui sert à monter cette garde est une amélioration, car, si elle empêche le tissu de s'effilocher, elle lui conserve son brillant et la richesse de son flou. Presque toutes les gardes en papier et même en soie ou autres, sont collées à mors fermés, ce qui n'est pas beau et empêche d'avoir ces beaux mors carrés de l'école moderne, et raidit l'ouverture qui, du reste, est toujours raide. La demi-reliure, que beaucoup croient d'invention moderne, n'est encore qu'une imitation, à la différence que le volume étant rogné, les cartons étaient garnis de papier et le dos couvert en peau qui se repliait tout simplement sur les plats, et cela sans prétention, avec le dentellage que le pareur avait pu faire avec son couteau à parer.

Toute la science moderne ne consiste donc que dans la perfection de détail de chaque façon, quand encore l'on ne sacrifie pas l'utile, le solide à une forme extérieure, qui ne fait que flatter l'œil. Ainsi pour l'endossure, 95 0/0 des volumes reliés ne passent plus en paquet, ils sont (ceux auxquels l'on apporte quelques soins) mis en piles après leur avoir fait les mors et être passés en cartons dans une presse à percussion et simplement frottés ; le plus grand nombre n'est même pas frotté. Un ou deux papiers collés à la colle forte avant la couvrure est toute leur endossure. Etonnez-vous donc du peu de solidité de vos reliures.

Une mode depuis quelques années consiste à respecter les marges des volumes ; on les ébarbe, la tête est dorée, marbrée ou jaspée après rognure, afin d'empêcher la poussière de pénétrer dans le volume, ceci est véritablement une innovation de ce siècle ; car, en fouillant les Bibliothèques, on peut constater plutôt le contraire : peu de respect des marges, les cartonnages hollandais sont rognés, la substitution du papier d'abord et ensuite d'une pâte de papier commun, appelé carton aux ais de bois, des quatorzième, quinzième et commencement du seizième siècle, a été déjà une amélioration, car, de cette façon, les vers ont moins de prise sur cette matière ; mais la façon de faire le carton, c'est-à-dire d'employer et d'améliorer celui que nous livre le commerce, est un grand progrès, car il charge, (malgré sa solidité quoique mince relativement), bien moins le livre que dans la reliure ancienne ; enfin, pour nous résumer, touchant toutes les façons qui concourent à faire, nous avons perfectionné ; nos livres sont plus élégants de forme, les bords carrés, les nerfs, à ceux cousus sur nerfs, plus légers. Mais sont-ils aussi solides ?... C'est ce que nos petits-neveux pourront juger ; quant à nous, nous ne le croyons pas.

Les progrès pour la dorure sur cuir sont peut-être encore plus nuls aux quinzième, seizième et dix-septième siècles ; nos ancêtres ont fait de si riches compositions que nous ne pouvons que les imiter. Qui peut se dispenser, en les voyant, d'admirer les magnifiques dorures sur les livres de Groslier, ceux de l'époque Louis XIII, celles attribuées à Du Seuil ou Dusseuil, à Legascon, les Pasdeloup, Derome, etc.;

Tout ce que l'on a pu faire a été de les exécuter d'une façon plus correcte, avec plus de brillant dans l'or ; mais, les renseignements nous manquant, à nous comme aux autres, sur la position réelle comme ouvrier de ceux qui ont fait ces travaux, nous sommes toujours enclins à croire qu'ils n'étaient pas spécialistes comme à cette époque le sont les doreurs. La mosaïque incrustée, à la façon de M. Crestzchmar (France), n'est même pas du nouveau ; à la bibliothèque Mazarine, dans une vitrine, existe un livre ayant appartenu à Louis XIV dont la mosaïque est faite de cette manière. Les ornements reliefs sont inconnus dans les bibliothèques ; est-ce un mal ?

Le velours, la soie, le velin, le parchemin, tout a été employé et l'est encore pour l'ornementation extérieure du livre, ainsi que la bijouterie ; l'on trouve aussi des plaques d'argent niellé ; elles sont généralement à plat et non incrustées.

Pour terminer, regrettons l'absence de preuves qui nous permettent, *avec certitude*, de pouvoir dire, en voyant beaucoup de ces chefs-d'œuvre : « Ceci est à celui-ci ou à celui-là. » Il viendra un jour, il faut l'espérer, où, avec les documents que l'on possède déjà, l'on pourra être un peu plus fixé sur le nom des véritables auteurs de tous ces travaux ; il est fâcheux qu'à cette époque l'on n'ait déjà pas pensé à nommer les coopérateurs. S'il leur avait été seulement permis de signer leurs œuvres, nous ne serions pas dans cette ignorance.

V. W.

13.

CONCLUSIONS

CE QUE NOUS AVIONS ESPÉRÉ, CE QUE NOUS ESPÉRONS
A LA PROCHAINE EXPOSITION.

REVUE RÉTROSPECTIVE

de l'Exposition universelle de 1867

Nous voici arrivés en 1867, date reculée de l'Exposition qui devait avoir lieu en 1865. Pourquoi l'avait-on reculée ?... Pour mieux faire, disait-on, pour avoir le temps d'étudier toutes les plaintes qui avaient été formulées et faire le possible afin de marcher dans un sens égal pour tous. Devant ces déclarations, nous sommes obligés de nous placer en juges et de dire que non-seulement le but n'a pas été atteint, mais même pas été tenté, et que l'on a marché un peu dans le sens de l'écrevisse, en arrière.

Au point de vue ouvrier, quels ont été les résultats de l'Exposition ? Nous pouvons dire qu'ils ont été nuls. En l'an de *Cocagne* 1867, la classe productrice fut grevée de cherté de nourriture, cherté de loyers, impossibilité de visites fréquentes, tant les moyens de transport étaient onéreux ; logé à l'extrémité de Paris, éloigné de tout centre, il fallait s'y rendre et y arriver rompu, ou compter, la voie la plus accessible étant les bateaux-omnibus,

50 centimes de voyage, et encore ce service fut momentanément interrompu; l'administration de la ville n'ayant pas prévu les basses-eaux, rien n'avait été préparé pour leur circulation complète; de plus, un franc à l'entrée principale, sans compter les entrées particulières, telles que : Chapelle, Jardins réservés, Exposition de Billancourt, etc., faisaient pour le visiteur consciencieux *et sa famille* un surcroît de dépenses à joindre à celles de sa vie. Car, parqué à l'intérieur de l'enceinte, il était obligé de présenter son front à la spéculation qui en voulait à sa bourse, et cela sans possibilité de défense. Les journaux officieux et les organes soi-disant populaires avaient bien parlé d'un *restaurant-omnibus* spécialement organisé pour les délégations ouvrières, « où la nourriture, par suite d'une concession faite par la Commission impériale, devait être donnée à très bon marché ». Ici encore, promesse ; le *gloria* seul était au prix ordinaire et, après un premier repas pris dans cette confiance, *nous dûmes battre* en retraite devant un excédant de 70 centimes pour le déjeuner à nourriture égale de l'intérieur de Paris. Voulait-on s'asseoir, vite une personne se présentait et demandait 10 centimes pour le siége que vous occupiez et, pauvres nouveaux Juifs-Errants, vous deviez marcher!... toujours marcher!...

La Commission a fait preuve en toute chose de science spéculative, et nous avons en cela toujours contribué pour la plus grosse somme. Était-ce bien là le rôle qu'elle avait à remplir? Pour nous, non !

Une Exposition doit être gratuite, afin que l'ouvrier, qui toujours n'est pas riche, puisse non-seulement, lui, entrer, mais aussi, professeur naturel de sa famille, l'y conduire et aider à l'éducation des siens. En 1855, la Commission avait à peu près compris ce rôle, et, par un arrêté, avait ouvert les galeries, certains jours de la semaine, à 20 c. l'entrée (et il n'y en avait qu'une). Pour une famille de quatre membres, cela faisait 1 fr.; c'était une dépense supportable. Ce fut premièrement le dimanche L'ouvrier s'y rendit en habits de fête. Il pouvait bien s'y rendre de cette manière : n'était-ce pas la sienne, celle de ses produits? Puis ils vinrent en trop grand nombre sans doute, ou bien les membres chargés de juger l'effet de cette mesure ne virent pas assez de *blouses;* car, à bref délai, un nouvel arrêté reporta ce jour le lundi, prétextant que les ouvriers n'avaient pas profité de ce qu'ils *appelaient une faveur.* Pour en profiter, il fallait alors perdre une journée de travail, *faire le lundi!*

N'étions-nous pas en droit d'espérer que 1867 ferait mieux, surtout à douze années de distance, et que si l'entrée n'était pas entièrement gratuite, au moins au dernier moment, le dernier mois, par exemple, chaque jour serait livré au besogneux, à celui qui, chargé de famille, se trouvait dans l'impossibilité de distraire de ses faibles ressources l'argent à cet effet nécessaire?

Mais, nous dira-t-on, l'on a pensé à l'ouvrier, l'on a créé des billets de semaines. Êtes-vous de bonne foi? Où sont les ouvriers qui peuvent s'absenter huit jours sans nuire gravement à leurs intérêts, à ceux de leur famille? Combien de patrons ou chefs d'atelier autoriseraient une absence de huit jours?

L'on a créé une Société d'Encouragement pour qu'ils puissent envoyer des délégués à l'Exposition; des billets d'entrée gratuite ont été donnés à tous ceux qui ont accepté la Société et qui ont assisté à la séance du vote. Pas de dons, messieurs, nos droits! Si tous avaient compris qu'en acceptant cela ils devenaient vos obligés, qu'ils vous devraient de la reconnaissance, peu, nous en sommes certains, auraient consenti à ce que vous leur proposiez. Est-on libre de critiquer celui qui vous a tendu la main (les fonds de la Société étaient le produit d'une collecte faite parmi les chefs d'établissement)? Ils se sont tacitement engagés à être indulgents à leur égard, ou alors, selon vous, ils seront ingrats; vous, du moins, dans votre logique, le dirait (cela a déjà été dit), et le jour où l'on a pensé à réunir les délégations, la première question qui fut mise à l'ordre du jour fut des remercîments à M. Dewinck, son président.

Une organisation sérieuse du jury est toujours ce que nous demanderons; il était regrettable d'y voir pour juger de la reliure un marchand de papiers seulement (M. Roulhac), et un chef d'établissement, exposant lui-même, qui, dans cette Exposition, a reçu une médaille d'or (M. Mame). Aussi, il était drôle d'entendre tous les petits racontars faits à propos de leurs visites et surtout des marques de leur incompétence. Et les preuves ne manquent pas, les meilleurs travaux ne sont pas récompensés, les principaux coopérateurs oubliés, enfin cela sent la faveur, sent son époque: tout au favoritisme, aux recommandations.

Devant cette situation faite au véritable talent, les bons lutteurs désertent l'arène. Rechercher des médailles est faire fausse route, ils se contentent de la renommée que leur donnent leurs consciencieux travaux; et, ce qu'il y a de plus regrettable en tout ceci, c'est que, dans l'avenir, si l'on recherche des documents pour l'historique de notre art ou métier, l'on cherchera dans les rapports officiels, l'on donnera de la réputation à celui-ci, parce que vous lui en donnerez, et l'on oubliera celui-là devant lequel vous serez passé muet, faute d'avoir su l'apprécier (1).

Même incompétence dans les comptes rendus privés; ainsi, le hasard nous a mis à même de lire celui de M. L. Asseline (Dentu : Exposition universelle) : « M. Gayler-Hirou : Je ne m'arrêterai pas à ses imitations de parchemins qui sont très bonnes, mais je dirai que la médaille serait pleinement méritée rien que par cet exemplaire in-18 du *Renard*, de Gœthe, un volume veau fauve, vraiment exquis, un fin joyau d'un goût charmant et sobre. » Nous prions nos lecteurs de lire la maison Gayler.

Il serait à désirer qu'un cadre plus grand nous eût permis d'analyser toutes les appréciations qui ont pu être faites par les divers critiques ou rapporteurs sur les travaux de reliures à l'Exposition de 1867. Que de matières à rectifications, y compris celui de M. Boiteau (officiel), qui n'a trouvé dans l'Exposition, pour la Reliure et l'Album en France, que la matière de trois pages in-8° et, remarquez cette coïncidence, les éloges à la maison Mame en prennent deux : « M. Mame a exposé un millier des ouvrages de sa maison. Puisque aucun autre de nos relieurs savants (et ils feront bien tant que vos jurys seront les mêmes) n'exposait pas; on était heureux de voir là, du moins, représenté l'art de la grande reliure ! etc. » Plus loin, une phrase où il est dit

---

(1) A la vitrine de M. Bruyère (Lyon), M. Roulhac prit une plaquette, l'ouvrit par le milieu avec effort et lui cassa le dos. Il se surprenait que cette plaquette ne s'ouvrît pas comme un registre : heureux ceux qui avaient fait des reliures sur du beau papier ! (Vous êtes orfèvre, M. Josse ?)

que « cette manufacture ne recrute ses ouvriers et
ses élèves qu'autour d'elle. » Pendant 58 lignes, des
éloges au président du jury de cette classe, et pas
mal d'erreurs.

Dans les trente-huit lignes qui restent, dont sept
de statistique, M. Boiteau a pu analyser le travail
de tous les autres exposants; il signale M. Cottin,
« dont les reliures de satin et les nielles (?) étaient
« réussies; M. Engel, qui fabrique en grand les car-
« tonnages recouverts de percale imitant la peau;
« M. Lenègre, connu pour ses albums, etc.; M. Gay-
« ler-Hirou; M. Lesort, qui fait assez bien le genre
« religieux (!...); M. Bruyère, de Lyon, artiste d'un
« talent sérieux; M. Cornillac, de *Châlon-sur-*
« *Saône* (*sic*), qui est à la fois imprimeur et relieur :
« il exécute typographiquement de jolis petits pa-
« roissiéns qu'il habille ensuite avec élégance. Sa
« maison vient après celle de M. Mame dans ce
« genre; mais... (dit le rapporteur) elle ne s'élève
« pas aussi haut!... » Ah! mais non, ni celle-ci ni
les autres, et la raison de la médaille d'or? Puis
M. Grumel et M. Marx pour les Albums, et voilà
tout. M. Boucheron, inconnu, le chef-d'œuvre de
dorure de l'Exposition; les avantages du Rapport
officiel l'ignoreront.

Dans la partie étrangère, M. Boiteau est un peu
plus dans le vrai; mais il est dans l'erreur lorsqu'il
dit : « Avec les Allemands, pour la reliure comme
« pour la typographie, nos rivaux sont toujours
« les Anglais. » Les Anglais, c'est possible; mais
les Allemands, non-seulement nous n'avons rien à
apprendre chez eux, mais pour la reliure nous n'a-
vons rien à redouter d'eux. Le temps ne viendra
jamais, espérons-le, où le goût français sera assez
affaibli pour trouver bon ce qui se fait dans ce pays.

Ce que nous venons de citer est pris dans le Rapport officiel, selon nous trop bref, publié sous la direction de M. Michel Chevalier (t. III, groupe 3, classes 14 à 26). Nous pensons que M. Chevalier aurait pu trouver quelqu'un de plus compétent que M. Boiteau, ou plus ami du livre que lui, car, malgré cette phrase que nous lisons en tête de ses conclusions : « Il serait à souhaiter, en définitive, que « toutes les industries qui touchent à l'art gardent « en France le même rang que la reliure, et, à part « les concessions que la mode impose toujours à « l'ouvrier, restent aussi fidèlement attachées au « respect des bons modèles. C'est en France, en « effet, que, depuis trois siècles, se sont faites les » plus belles reliures de choix, et c'est encore de « nos ateliers que sortent les meilleures reliures « de bibliothèque ; » malgré cela, disons-nous, M. Boiteau *n'a pas su ou n'a pas voulu* se donner la peine d'analyser le travail exposé en 1867. Son rapport, pour la partie française, semble un article à double détente.

Aussi, devant l'incompétence générale des Rapporteurs pour la reliure, jointe à celle des membres du jury, nous demandons à nouveau que pour l'avenir, le jury soit composé mi-partie d'amateurs et mi-partie de praticiens vrais ; pour ceux-ci, qu'ils soient nommés à l'élection par le Corps de Métier ; pas de directeur, des gens sachant faire, s'il est possible, deux Rapports imprimés à la suite : de cette façon, deux cloches, deux sons.

Au public connaisseur le soin de discerner. De ce jour, les bons ouvriers exposeront, parce que alors ils sauront être appréciés.

Nous avions pensé aussi, et cela nous avait été dit, que la Commission d'encouragement aurait réservé, dans l'enceinte si grande du Champ-de-Mars, une salle, un bureau enfin, ne fùt-ce que de planches, ·où les délégués, au bout de leur journée d'examen, se fussent réunis, la mémoire encore fraîche de ce qu'ils avaient vu, afin de rédiger leurs notes. Là encore, ce furent promesses vaines, et que d'autres choses pour lesquelles il faudrait un livre, afin de les énumérer ! Aussi regretterons-nous que le passé ne serve pas de leçon, même quand le mieux a été fait, témoin 1855.

Nous devons réclamer aussi la facilité de visiter les Bibliothèques, ou collections de la Nation, surtout lorsqu'elles ont pour but l'étude de notre art, et désirer qu'à l'avenir les règlements administratifs, dans leurs lenteurs et leurs rigueurs, n'en retardent pas l'accès, comme cela nous est arrivé pour une bibliothèque de Paris.

A part cette exception, nous avons été partout bien accueillis, et nous devons ici témoigner nos remerciements à M. Paul Lacroix (Bibliophile Jacob), conservateur de la Bibliothèque de l'Arsesal ; à M. Cousin, de la même bibliothèque, aujourd'hui conservateur de la Bibliothèque de la ville de Paris (au musée Carnavalet) ; à M. Richard, de la Bibliothèque Nationale, et à M. Franklin, de la Bibliothèque Mazarine. Tous ces messieurs ont mis, avec la plus grande bienveillance, leurs connaissances et leurs collections à notre disposition.

Pour les délégués :

Le Rapporteur,
V. Wynants.

A NOS LECTEURS

Paris, 15 novembre 1874.

En terminant cette publication, nous croyons utile d'expliquér à nos lecteurs la cause du retard de l'impression du Rapport de 1867.

Les événements qui se sont succédé depuis la fin de 1869 à 1870 nous ont empêchés de paraître ; mais, malgré tout, nous ne désespérions pas de lui faire voir le jour, étant pénétrés que ce travail n'avait pas d'époque, par suite du but que nous avions poursuivi : celui d'établir une critique professionnelle et principalement théorique. Nous attendions donc des temps meilleurs, lorsque l'organisation de la Délégation de Vienne fit demander, à la première réunion coopérative, ce qu'était devenu le Rapport de 1867. A l'assemblée de mai 1873, devant le vu du manuscrit, l'on chargea la Commission nommée pour seconder la Délégation désignée pour Vienne, d'en prendre connaissance et de rendre compte à une prochaine assemblée de leur décision.

Le 9 août 1874, la corporation fut convoquée pour recevoir le rapport de Vienne (1873) et la Commission profita de cette assemblée pour affirmer (après avoir consacré douze séances à entendre la lecture du manuscrit) la nécessité de faire tous les efforts nécessaires pour son impression, afin qu'il n'existât pas de lacune dans les Rapports des ouvriers relieurs.

L'assemblée, consultée, a décidé à la grande majorité l'impression du rapport et, devant la désorganisation de la Commission de 1867 qui déposait son mandat, de nommer une Commission de publication qui serait autorisée à lancer une liste de souscription pour imprimer ce Rapport ainsi que lés neuf dessins qui l'accompagnent.

Ont été nommés : Combaz, Héry, Boyenval, Godefroy, Vinardi, Boudier, Bernard, Prevost. Wynants, rapporteur, fera partie tout naturellement de cette Commission.

Notre mandat est terminé, pour ce qui concerne la publication du Rapport, et nous croyons agir selon nos principes en remerciant et nommant nos collaborateurs : M. Dujardin, pour la photogravure ; M. Eudes, imprimeur en taille-douce ; M. Euché, ouvrier imprimeur dans la maison chargée du tirage ; l'Association coopérative l'*Imprimerie Nouvelle* (Masquin et C*e*), rue des Jeûneurs (Paris) et M. Aubry, libraire, rue Séguier, 18, qui nous a ouvert à deux battants son *Bulletin du Bouquiniste*, pour annoncer notre publication.

Pour la Commission :

Le Secrétaire,
HÉRY

AVIS AU RELIEUR

POUR LE PLACEMENT DES PLANCHES

ENGEL

GRUEL-ENGELMAN

MAME ET Cᶜ

BOUCHERON

NOTA. — Les planches 1re et 3e doivent être séparées,
les autres restent en regard l'une de l'autre.

TABLE

Paris. — Imprimerie Nouvelle (association ouvrière),
14, rue des Jeûneurs. — G. Masquin et Cᵉ